いますぐ知りたい 子どもにもなれる社長

会社づくりのしくみ

MICRO MAGAZINE

JN239583

はじめに

　みなさんは、「仕事」にどんなイメージをもっていますか？　お金や生活のために仕方なくすることと思っている人は、少なくないかもしれません。でも仕事は、人生を充実させる重要な要素なのです。

　大人になると、だいたい1日8時間働きます。起きている時間の半分近くを仕事がしめるのです。つまり、仕事が楽しければ、人生は充実します。仕事を楽しいと思えるようになるには、「起業」が一番の近道だと思っています。

　起業をしやすい時代ではありますが、会社を続けるのは大変です。それでも起業をすすめるのは、「起業で成功する」ことは約束できないけれど、「起業で成長する」ことは約束できるからです。

この本では、起業と会社づくりを通して、そこで必要とされる能力「起業家精神（アントレプレナーシップ）」について紹介しています。その能力は、起業家を目指す人なら日常生活の中で身につけることができ、どんな人の人生も豊かにしてくれます。

　さあ、この本を通してあなたも起業家として、いっしょに人生の物語を進めてみましょう！

スタートアップポップコーン株式会社
澤田聖士（ニックネーム：じーくん）
大町侑平（ニックネーム：まっち）

スタートは起業（きぎょう）！世の中（よのなか）、社長（しゃちょう）がいっぱい！！

大きな会社、小さな会社、パン屋さんやお花屋さん、YouTuber……。世の中には、たくさんの仕事があるね。どの仕事も、はじまりは起業からだ。だれかが起業して、仕事がスタートする。どんなに大きな会社も、一人の起業からはじまっているんだ。

> みんなに学んでほしい

起業家精神（アントレプレナーシップ）

　今、日本では起業家精神（アントレプレナーシップ）が必要といわれています。この本を読んで、アントレプレナーシップとはどんなことかを知り、どうして必要なのかを考えてみましょう。

未来を切り開く力「アントレプレナーシップ」

　新しい仕事を立ち上げようとする気持ちや姿勢、そしてそのために必要なスキルや能力のことをアントレプレナーシップといいます。アントレプレナーシップには、創造力やリーダーシップ力など、まだないものを生み出し、社会に価値を提供する力がふくまれています。

　アントレプレナーシップは、「起業家精神」「起業家的資質」ともいわれ、新しい仕事をはじめたい人だけに役立つものではありません。学校生活や日常生活でも、積極的にアイデアを出して行動する姿勢や、問題に直面したときにそれを解決する力として役に立つ、生きるために必要な力です。

アントレプレナーシップが日本で必要なワケ

日本の子どもの能力は、世界的にトップクラス！ しかし、大人になるとぐっと順位が下がります。学生時代の学びが仕事につながっていなかったり、仕事への意欲が低かったりするためです。

子ども 2022年国際学力調査ランキング

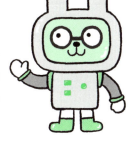

能力が高くても、理科や算数の知識を生かせる仕事につきたいと思っている子は少ないんだ

参考：文部科学省

ヨーロッパやアメリカなど38か国の先進国が加盟する国際機関OECD（経済協力開発機構）で、15歳3か月以上16歳2か月以下の学校に通う生徒（日本では高等学校1年生が対象）の学力を、数学、科学、読解力で比べたランキング。

大人 2024年世界競争力ランキング

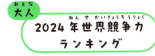

大人 2024年世界人材ランキング

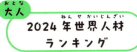

参考：International Institute for Management Development (IMD) "World competitiveness yearbook"

政治や文化的な要素もふくめて調べてつけた経済の競争力ランキング。

参考：International Institute for Management Development (IMD) "World Talent Ranking"

働く人の能力や、人材育成への力の入れ方などをもとに調べてつけた人材ランキング。

大人になっても学び続けている人の割合は、世界の国と比べて日本は一番低いという結果も出ているんだ！

この本に登場する 起業家精神（アントレプレナーシップ）

この本に登場するアントレプレナーシップを紹介します。全部をかんぺきに身につける必要はありません。自分の得意なこと、不得意なことを知って、得意なことをどんどんのばすのもいいですね！

好奇心　18ページ

いろいろなものに興味をもつ気持ち

探究心　21ページ

ものごとについて深く知りたい、疑問を解決したいという気持ち

課題発見力　24ページ

こまりごとを見つける力

創造力　32ページ

新しいアイデアや価値を生み出す力

リーダーシップ力　57ページ

メンバーのやる気を引き出し、目標達成に向けてチームを引っ張っていく力

ネットワーキング力　58ページ

人とのつながりを築く力

コミュニケーション力　60ページ

自分の考えや意見を正しく伝え、相手と理解しあう力

マーケティング力（市場分析力）　64ページ

社会全体にプラスとなる価値を生み出し、お客さんにファンになってもらう力

自己管理能力　66ページ

自分の時間やエネルギーをうまく管理する力

8

失敗力
70 ページ

失敗から学びを得て、次に生かす力

問題解決力
74 ページ

失敗から学びを得て、次に生かす力

目の前にある問題や障害をすばやく分析し、適切な解決策を見つける力

柔軟性と適応力
79 ページ

変化する状況にすばやく対応し、新しい情報や環境をもとに計画を修正する力

チャレンジ精神
80 ページ

新しいことやむずかしいことに対して積極的に挑戦しようとする気持ち

判断力
83 ページ

ものごとを正しく見て、必要な選択をする力

リスク管理力
86 ページ

どんなリスクが起きるか考え、それに対応する力

グリット
89 ページ

あきらめずに、最後までやりぬく力

戦略的思考
94 ページ

目的を達成するためにもっとも効果的な方法を計画し、未来に向けて行動する力

プレゼン力
104 ページ

自分の考えやアイデア、情報を相手にわかりやすく、魅力的に伝える力

意思決定能力
109 ページ

状況に合わせて、必要なこと、効果的なことを判断し、それにともないどうするか決め、その結果に責任をもつ力

毎日の生活の中でみがけて、役に立つことばかり!!

もくじ

はじめに……2
スタートは起業！ 世の中、社長がいっぱい!!……4
みんなに学んでほしい 起業家精神（アントレプレナーシップ）……6
この本に登場する 起業家精神（アントレプレナーシップ）……8
この本の登場人物……12

第1章 自分の会社をつくる！……13

子どもも社長になれる？……14
社長になるにはどうしたらいい？……18
仕事のタネ発見1 どうやって仕事のタネを見つける？……20
コラム 知って得する！ ものの見方のコツ……23
仕事のタネ発見2 どんなことが仕事につながる？……24
仕事のタネ発見3 好きなことは仕事につながる？……28
仕事のタネ（アイデア）から仕事にするには？……32
お客さんを見つけたい！……34
どんなお金が必要？……36
コラム 知って得する！ 数えられない数字を出す フェルミ推定……39
仕事をはじめるための準備は？……40
コラム 知って得する！ 自分を売りこむ！ 自己PR……45

早く、手軽に起業する方法はある？ …… 46

コラム もっと知りたい！ 個人事業主になる方法 …… 50

コラム 知って得する！ 失敗したときのリスクを減らす

経営者保証をはずすという選択 …… 52

第2章 会社を経営する …… 53

仕事には仲間が必要？ …… 54

もっとすごいことがしたくなったらどうする？ …… 58

お客さんを増やすにはどうしたらいい？ …… 62

遊びも学校も楽しみたい！ それでも仕事はできる？ …… 66

コラム もっと知りたい！ 自分の時間をコントロール！ …… 68

第3章 会社の危機を乗り越えろ！ …… 69

問題発生1 仕事で大失敗！ どうしよう …… 70

問題発生2 売り上げがのびない！ どうやってかせごう …… 74

コラム 知って得する！ 失敗の原因を深ぼり！

フィッシュボーンチャート …… 76

問題発生3 日本の景気が悪化！

このまま仕事は続けられる？ …… 78

問題発生4 パンデミック発生!?

これからどうしたらいいの!? …… 82

問題発生 5　やりたいことがあってもお金がない！
　　　　　どうやってお金を集める？……86

問題発生 6　いっしょに働いている人がやめてしまった！
　　　　　働きたくなる会社はどうつくる？……88

コラム　知って得する！　残しておくお金の目安……92

第4章　会社を大きくしたい！……93

めざせ世界一!!　会社を大きくしたい！……94

もっと大きな仕事がしたい！　会社の形をかえたほうがいい？……98

すてきな会社を発見　いっしょに仕事がしたい！……102

いっしょに仕事をしたいと思わせたい！……104

ほかにやりたいことができた！　会社経営をやめられる？……108

この本の登場人物

小学5年生。少年野球チームに入っている。野球をすることも好きだけれど、試合に勝つための戦略を考えるのも好き。最近、小学生が起業していることを知って、起業に興味をもちはじめた。

起業家を育てるためにつくられたウサギ型ロボット。インターネットとつながっていて、起業家に必要な要素「起業家精神（アントレプレナーシップ）」について、常に情報更新している。

はじめ

ピョントレ

第1章
自分の会社をつくる！

子どもでも社長になれるの？
社長って楽しいのかな？
会社ってどうやってつくるんだろう？

子どもも社長になれる？

子どもも「社長」になれる！

　会社をつくり、そこの責任者（社長）になることは、子どもでもできます。社長になるために特別な才能は必要ありません。社長になることは、だれもが選べる働き方のひとつなのです。特に、自分で会社をつくり社長になる人を「起業家（アントレプレナー）」といい、そこで必要な力を起業家精神（アントレプレナーシップ）」といいます。アントレプレナーシップは、すぐに身につくものではありませんが、子どものころからみがいていけるものです。そして、どんな生き方をするにも必要で、毎日の生活でも役に立つ力です。社長をめざし、アントレプレナーシップを身につけましょう！

今こそ目指したい！「社長」という働き方

社長はだれかの役に立つ仕事を自分で考えて、1からつくる人です。「なんだかかっこいい！」「お金持ちになれそう！」そんな理由で社長を目指すのももちろんOK。だけど、社長になると得られるいいことは、ほかにもたくさんあります。

社長のメリット

① やりたいことができる

どんな仕事をするか、どこで働くか、だれと働くか。社長はすべて自分で決められます。自分が心からやりたいことに夢中になれるのです。

② 失敗がこわくなくなる

世の中はどんどん変化します。世の中の変化に対応するために社長は変化し続ける必要があります。失敗することをこわがっていては新しいことに挑戦できません。行動するうちに、失敗がこわくなくなります。

社長

③ わくわくする人生になる

自分で考えたことを正解にしていくのが社長です。うまくいっても、いかなくても、責任は自分にあります。自分がもっているものを総動員して、やりたいことを実現していく人生はとてもわくわくするものです。

どんな社長がいる？

日本には約291万の会社があります。つまり、291万人以上の社長がいるのです。

どうやって社長になったのか？　何のために社長になったのか？　どんな仕事をしているのか？　社長それぞれにちがいがあります。

ここでは、学生のときからビジネスをはじめ、世の中に大きな影響を与えている3人の社長を紹介します。

株式会社カブ＆ピース
前澤友作さん

好きなことをどんどん広げる社長

中学生からバンド活動を始める。高校生になると、自分が「これはいい！」と思ったレコードやCDを海外から取り寄せるようになり、カタログ通販ビジネスを自宅ではじめる。注文が増えてきたことで会社を設立。その後、音楽と同じように、自分が好きな洋服を売りはじめる。ビジネスがおもしろくなり、メジャーデビューまでしていたバンド活動を休止。インターネット上で洋服を買える「ZOZOTOWN」をオープンする。現在は、社会課題を解決したり、自分の好きなことを追求したりするビジネスを立ち上げた起業家や団体に、資金提供やアドバイスを行っている。

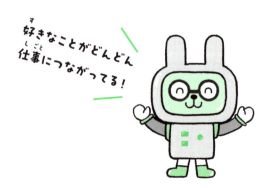

好きなことがどんどん仕事につながってる！

インターネットで世の中を便利にする社長

子どものころから世の中にインパクトを与えるため「社長になる」と決めていた。高校生で起業準備をはじめ、大学1年生（19歳）のときに会社をつくった。その後、史上最年少の25歳（当時）で証券取引所が決めた厳しい基準をクリアする「上場」を果たす。世の中にある不便をインターネットで解決することを目指し、必要な人に必要な情報を届けるためのアルバイト求人サービスなどを提供している。

株式会社リブセンス
村上太一さん

世界の問題解決を目指す社長

株式会社ボーダレス・ジャパン
田口一成さん

19歳のときに見たテレビ番組をきっかけに「世の中の貧困問題を解決したい」と思うようになる。20歳で大学を休学し、アメリカ・ワシントン大学へビジネスを学ぶために留学。その後、就職して起業資金を貯め、25歳で会社を立ち上げる。気候変動や貧困問題、紛争やジェンダー差別といった社会の課題を解決するビジネスを立ち上げたい人を育てるスクールを運営。また、社会起業家とその活動を応援したい人をつなげる仕組みもつくっている。

第1章 自分の会社をつくる！

第2章 会社を経営する

第3章 会社の危機を乗り越えろ！

第4章 会社を大きくしたい！

17

第1章 自分の会社をつくる！

社長になるにはどうしたらいい？

新しい仕事を生み出し起業しよう！

やりたいことや、思いついたアイデアを実現させるために、自分でビジネスをはじめることを「起業」といいます。社長は、「どんな商品やサービスをつくるのか」「どうやって商品やサービスを必要な人に届けるのか」を自分で考えて、実行していきます。そのため、社長は仕事につながるアイデア「仕事のタネ」を見つけて、育てなくてはいけません。

新しい仕事を生み出すときに大切なのは、「好奇心」です。自分のまわりにあるもの、自分自身のことを観察してみましょう。「あれ？」と思うことが仕事のタネになります。

人が価値を感じる商品やサービスを見つける

社長として会社を経営し続けるには、「お金」が必要です。お金は感謝の気持ちをあらわすもの。商品やサービスを手にすることで得られる価値があるから、そのお礼としてお金が支払われます。人が価値を感じることを探しましょう！

①「あるといいな」を形にする

自動で準備してくれる

「もっと○○だったらいいのに」そう思うことはありませんか？ 今ある商品やサービスのたりないところ、さらに工夫できるところを見つけましょう。より便利になったり、役に立ったりする商品やサービスを形にします。

②「こまった！」を解決する

身近なこまりごとや社会問題をどうやったら解決できるか考えてみましょう。これまでできなかったことができるようになったり、温暖化などの社会全体でこまっていることを解決する新しいアイデアを形にできたりすると、そこには大きな価値が生まれます。

③「これが好き！」を追求する

お年よりの手助けをする

自分の好きなこと、得意なことをとことん追求すると、ほかの人にとっても魅力的なものになるかもしれません。何時間やっても飽きないこと、もっともっと上手になりたいと思えるものはありませんか？ 熱中から生み出されたものに人は価値を感じます。

すでにある仕事を知って新しい仕事を考える

　新しい仕事を生み出すことが必要だといっても、まったくのゼロから新しいアイデアを考えるのはむずかしく感じるかもしれません。そんなときには、今すでにある仕事をヒントにしましょう。少し意識して毎日の暮らしを観察すると、実は身近にたくさんの仕事があることが見えてくるはずです。そして、いろいろな仕事に気づけると、今はまだない仕事にも気づけるようになります。いきなりアイデアを練ろうとするのではなく、まずはどんな仕事があるのかを知ることからはじめましょう。

自分のまわりにある仕事を見つける

世の中には意識しないと見えてこない仕事がたくさんあります。まずは、毎日の生活の中にどんな仕事があるのかを注意深く観察してみましょう。そうすると、その仕事のどんなところに価値があるのかも発見できるはずです。「なぜ？」「どうして？」と考えを深める気持ち「探究心」をもつと、今まで見えていなかったものがどんどん見えてくるようになります。

ここに注目!!

新聞

毎朝配達される新聞。朝早く配達してくれている人がいるんだよね。どんな人が書いているのかな？毎日ちがう記事を書けるのはどうしてだろう？

公園

昨日あったゴミがなくなっている！ペンキがはげていたベンチもキレイになっている！だれがいつ公園をキレイにしてくれているんだろう？

YouTube

毎日見ているYouTube。どれくらい撮影に時間がかかるのかな？そもそもYouTuberはだれからお金をもらってるんだろう。

コンビニ

明日必要なノートを買い忘れてしまった！文房具屋さんはとっくに閉まっているけれど、コンビニがあって助かった。こんなに遅くまで働いている人がいるんだなあ。

見えない仕事に気づくコツ

わたしたちは、目に入る情報をすべて「見ている」わけではありません。毎朝同じ時間に学校に行き、勉強をして、遊んで、家に帰る。そんな毎日を過ごしていると、いつも目にする風景が「当たり前」になってしまいます。「当たり前」のメガネをかけていると、自分のまわりにあるものがぼやけてしまうのです。見えない仕事に気づくには、この「当たり前」のメガネをはずす必要があります。

① じっくり観察

今までであれば、気にしないで通り過ぎていたかもしれない場所に立ち止まってみましょう。そこにあるものやいる人をじっくりと見てみると、気づくことがたくさんあるはずです。

ペットボトルのお茶かあ。いろいろな種類があるよね

なぜこんな形なんだろう？持ちやすいから？

どんなときに自動販売機で買うのかな？

②「なぜ？」を発見

じっくりと観察しながら、「なぜ○○？」をたくさん考えましょう。そこから想像をどんどんふくらませ、どうなったらもっと便利になるのかを考えます。

仕事のタネ発見 2
どんなことが仕事につながる？

だれかのおこまりごと解決が新しい仕事になる

　人は、こまりごとを解決してくれることに価値を感じやすいものです。だれかのこまりごとを解決できるアイデアが思いついたら、商品やサービスにできないかを考えてみましょう。アイデアを考えるために、まずはまわりの人がどんなことにこまっているのかを知ることからはじめます。そのためには、まず、こまりごとを見つける力「課題発見力」が必要です。

こまっていることを見つける

　こまりごととは、不安・不満・不快といった嫌な気持ちになる原因のことをいいます。まわりをよく観察して、どんなときに嫌な気持ちになるのか、その原因は何なのかを見つけましょう。

自分に注目

朝起きられない
毎朝怒られて起きるのは気分がよくない！
- ➡ どうすれば自分で起きられるようになるかな？
- ➡ 好きなキャラクターの声の目ざまし時計があったらいいかも。

友だちや先生に注目

「しずかにして」といってもうるさい
授業中、さわぐ子がいて、勉強に集中できない！
- ➡ どうしたらしずかにしてもらえるかな？
- ➡ 授業中にしずかな時間をはかって、みんなにごほうびがもらえるアプリがあるといいかも。

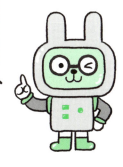

> 今は特にこまっていないことでも、「もっとよくするためにできる工夫はないかな？」と考えてみると、これまで気がつかなかった課題がみつかるかも！

第1章 自分の会社をつくる！
第2章 会社を経営する
第3章 会社の危機を乗り越えろ！
第4章 会社をたきくしたい！

課題発見力をアップする方法

本当のこまりごとを見つけたり、まだだれも気づいていないこまりごとを見つけたりする力「課題発見力」があると、仕事のタネを見つけやすくなります。毎日の暮らしの中で課題発見力をみがいていきましょう。

たとえば、「夏が暑すぎる」問題の場合

① 見える問題からちょっと先の見えない問題を考える

外で遊んだり、スポーツをしたりすることができなくなります。野球をやっている人なら練習が中止になるという問題が起きるでしょう。この問題は、見えている問題。では、その先のまだ見えない問題を考えてみましょう。練習できない結果、野球の試合で負けてしまうという問題が起きそうです。今ある問題がどんな影響をおよぼすかを考えると、見えない問題が見えてきますよ。

② 自分以外の人の問題を考える

自分に起こる問題は見えますが、人に起こる問題は見えづらいものです。自分以外の人に起こる問題は、身近にいる人を観察するとヒントが見つかります。

お父さんやお母さん、おじいちゃんやおばあちゃんなど、外に出られなくなると、どんな生活をしそうか考えてみましょう。家の中でごろごろ過ごし、運動不足になりそうですね。太ってしまう人が増えそうです。

③ 問題の解決方法を考える

問題が見つかったら、解決方法を考えましょう。本やインターネットの情報以外に、毎日の暮らしの中にもヒントはあります。外に出られない問題であれば、暑さをやわらげるスペースをつくるとよさそうです。かげをつくるのに、キャンプ道具が使えるかもしれませんね。世の中にはどんなものがあるか、ほかの使い道はないか、想像しながら街を眺めたり、生活したりしてみましょう。

仕事のタネ発見 3
好きなことは仕事につながる？

好きなことや得意なことから仕事が見つかる！

　好きなことや得意なことをしていると、時間があっという間に過ぎてしまいませんか？
　1つの分野でプロになるには、10,000時間が必要だという調査結果があります。この調査には反対意見もありますが、仕事として人に価値を提供できるようになるには、ある程度の時間をかけて努力することが必要なのはまちがいなさそうです。自分の好きなことや得意なことであれば、努力も楽しむことができるはずです。

好きなものへのかかわり方はいろいろ

　ゲーム好きで集まって話をすると、ゲームのどんなところが好きなのかは、人それぞれちがうことに気がつくはずです。そして、ゲームにかかわる仕事にも実はたくさんの仕事があります。

　自分の「好き」や「得意」をもう少しくわしく言葉にしてみましょう。好きなものにかかわる仕事の中でも、自分の好きなことや得意なことがいかせるのはどんな仕事なのかを、より具体的に見つけやすくなります。

ゲームから広がる仕事

ゲーム大会運営
こんな人におすすめ
楽しいことが大好き！　たくさんの人を巻きこんで、計画を実行にうつしていくことが得意

ゲームプログラマー
こんな人におすすめ
ひとりでコツコツ取り組むのが得意！　自分が組んだプログラムが思ったとおりに動くとうれしい

ゲーム実況者
こんな人におすすめ
ゲームを分析したり、新しい攻略法を見つけることが好き！　いい情報を知ると人に伝えたくなる

eスポーツ選手
こんな人におすすめ
ゲームは勝ってこそ！　できなかったことができるようになるとわくわくする。長時間集中できる

キャラクターデザイナー
こんな人におすすめ
絵を描くのが得意。かわいいもの、かっこいいものを見るとついつい観察してしまう

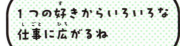

1つの好きからいろいろな仕事に広がるね

第1章　自分の会社をつくる！
第2章　会社を経営する
第3章　会社の危機を乗り越えろ！
第4章　会社を大きくしたい！

好きなこと・得意なことを見つける方法

　自分のことってわかっているようで、意外とわからないもの。仕事になるかどうかは気にせず、自分の好きなこと・得意なことをできるだけたくさん出してみましょう。「もっと上手な人がいるし」なんて人と比べる必要はありません。毎日の中で、少しでもわくわくすることやかんたんにできてしまうことはありますか？

① 自分を観察する

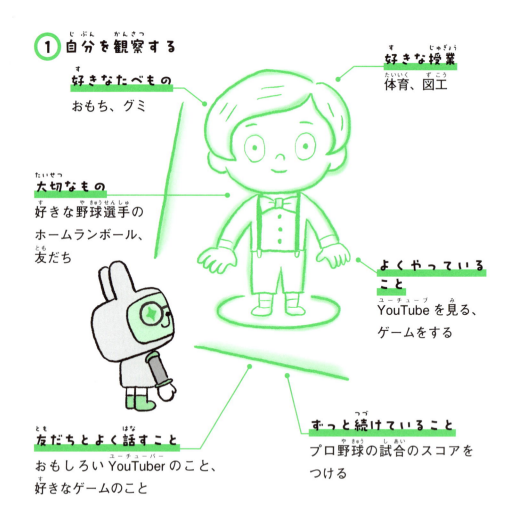

好きなたべもの
おもち、グミ

好きな授業
体育、図工

大切なもの
好きな野球選手のホームランボール、友だち

よくやっていること
YouTube を見る、ゲームをする

友だちとよく話すこと
おもしろい YouTuber のこと、好きなゲームのこと

ずっと続けていること
プロ野球の試合のスコアをつける

② まわりの人に聞く

まわりの人にインタビューをしてみましょう。特に、得意なことは自分にとっては当たり前のことなので、意外と気がつきにくいものです。まわりの人はあなたの知らないあなたを知っているかもしれません。

こんな人に聞いてみよう！　先生　家族　友だち

ただし、仲のよい友だちばかりに話を聞くのはキケン！　なぜかというと、仲がよい人とは、好きなことや得意なことが似ている可能性があるから。自分がまだ気づいていない自分を知りたいのなら、自分と好きなことがちがう人、年齢がちがう人、立場がちがう人に積極的に話を聞いてみましょう！

仕事を選ぶときに行う「自己分析」

自分のよいところや苦手なこと、大切にしている考え方を知ることを「自己分析」といいます。自己分析は大人になって仕事を選ぶときにも行います。自分に合った仕事とは、自分のよさを生かせる仕事のこと。人は一人ひとりにちがったよさがあるからこそ、自分のよさを理解することが仕事を選ぶときにもとても大事なのです。そして、みんなが自分のよさを知っていると、まわりの人と協力して、お互いのよさを生かす働き方ができるようになります。

31

第1章 自分の会社をつくる!

仕事のタネ（アイデア）から仕事にするには？

思いついたアイデア「仕事のタネ」に「価値」をプラスする！

　仕事のタネはそのままではただのアイデアにすぎません。どれだけよいアイデアを思いついたとしても、だれかが必要だと思ってくれなければ、仕事にはならないのです。だれかに必要だと思ってもらうには、「ほかでは同じものが買えない」「これを使うとすごく便利になる」、そんな価値をプラスする必要があります。こうした<u>新しいアイデアや価値を生み出す力を「創造力」といいます。</u>

仕事をはじめるにはお客さんとお金が必要

仕事には商品やサービスを必要だと感じてくれる「お客さん」と、その商品やサービスをつくるための「お金」が必要です。「自分のアイデアは、どんな人がお客さんになってくれるのか？」「どうやったらお金が集まるのか？」を考えることで、仕事のタネが具体的な仕事になっていきます。

仕事を続けるにはお金が必要

仕事を続けていくなら、お金は必ず必要です。自分のおこづかいで必要なものを買うこともできるでしょう。けれども、それでは長く続けることはできません。お客さんに価値を感じてもらえる仕事をして、そのお礼としてお客さんが支払ってくれるお金をきちんと受け取る。どちらもあるからこそ、仕事を続けられるし、たくさんの人によろこんでもらえるのです。

お客さんを見つけたい！

第1章 自分の会社をつくる！

だれに何を売るか想像しよう！

　価値を感じないものにお金を払いたい人はいません。だれに売るのか、何を売るのか、どちらを先に考えてもよいですが、必ずその人が価値を感じるものである必要があります。売りたい人を先に決めるのであれば、その人がどんなことにこまっているのかをじっくりと観察してみましょう。何を売るのかを先に決めるのであれば、どんな人ならその商品・サービスを喜んでくれるのかを想像してみましょう。売りたい商品・サービスと売りたい人が合っているかどうかは、仕事のタネを仕事にするために何度も確認したいポイントです。

2種類のお客さんがいる!?

　お客さんとは、その商品・サービスを買って、使ってくれる人のことをいいます。しかし、買う人と使う人がちがうこともあるのです。特に、子ども向けの商品・サービスの場合、実際に使うのは子どもでも、お金を出すのはお父さん、お母さんなど大人であることが多いです。そのときには、使う人・買う人、どちらにとっても、価値のある商品・サービスでなければいけません。

たとえば、朝起こすサービスの場合

サービスを受ける人 — 朝起きられない子ども

お金を出す人 — 朝起きられない子どもの親

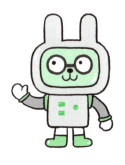

使う人によいことがあるのはもちろん、お金を出す人にもよいことがあると思える商品・サービスじゃないとね！

出ていくお金と入ってくるお金がある

　仕事には出ていくお金と入ってくるお金があります。両方について考えておかなければなりません。まず、出ていくお金は、商品やサービスを生み出し、提供するために必要なお金「経費」のことです。商品やサービスの材料代以外に、売るための場所代、つくる人に払う給料なども経費に入ります。そして、入ってくるお金とは、商品やサービスの代金で、お客さんからもらうお金「売り上げ」です。
　売り上げが経費より多くならなければ、仕事を続けることができません。

仕事に値段をつけよう

商品・サービスをつくるためにかかる経費より大きい値段をつけないと、その仕事でかせぐことはできません。買う人にとっては、自分が受け取る価値と値段が合っていると思えないと、お金を払いたくはないはずです。

ちょうどよい値段をつけるためには、その商品・サービスをつくるにはどれだけのお金が必要かをしっかりと確認すること。そして、ほかの似た商品・サービスと比べて、適切な金額になっているかを考える必要があります。

たとえば、**クッキーをつくって売る場合**

いくらだったらお客さんは買ってくれそうかな？

出ていくお金
① 材料代
② パッケージ代
③ 売るための場所代
④ つくるための水道光熱費（電気、水道、ガス代）
⑤ つくる人に払うお金

比べるお金

スーパーのクッキー
10枚 150円

ケーキ屋さんのクッキー
5枚 1500円

バザーのクッキー
2枚 100円

第1章 自分の会社をつくる！
第2章 会社を経営する
第3章 会社の危機を乗り越えろ！
第4章 会社を大きくしたい！

お客さんの数を予想しよう

商品・サービスを買ってくれるお客さんがどれくらいいるかで、その仕事でかせげるお金もかわるし、値段のつけ方もかわります。もちろん、どれくらいのお客さんが買ってくれるかは、実際にやってみなくてはわかりません。しかし、今わかっている数字をもとに、お客さんの数を想像してみることはとても大事です。想像してみた結果、あまりお客さんがいないようであれば、商品・サービスをつくり直すこともできます。

わかる数字から想像をふくらませる

たとえば、クッキーを買う子どもの数を予想する場合

クッキーがたくさん食べられていそうなことはわかるね！

① 身近なところから調査する

まわりの友だち10人に聞いてみると、2週間に1回くらいはクッキーを食べる

② 大きな範囲にふくらませて計算する

クッキーを食べるのは5〜12歳が多いと考えて、市に住む5歳〜12歳の子どもの数は約9万5,000人×クッキーを食べる回数は約1か月に2回

▼

1か月にクッキーを買う人は約19万人

コラム 知って得する！
数えられない数字を出す フェルミ推定

フェルミ推定とは、実際に数えるのはむずかしいものの数を、知識と計算によって短い時間で目安をつける方法です。仕事でも役に立ち、お客さんの数を予想するときなどにも使えます。

みんなにはまだちょっとむずかしいけれど、知っておいて損はないよ！

フェルミ推定の流れ

1 知りたいことをはっきりさせる

知りたいことをはっきりさせるのが重要。知りたいことがわかれば、どんなことを調べないといけないのかがわかります。

質問 …「小学生が1年間で使うえんぴつはどれくらい？」

小学生 …一人？ 全国の小学生？
えんぴつ …赤えんぴつや色えんぴつをふくむ？ ふくまない？

2 知りたいことを分ける

知りたいことがはっきりしたら、その内容を分けます。必要な数字が何かがわかります。

質問 …「全国の小学生が1年間で使うえんぴつは全部で何本？（赤えんぴつや色えんぴつはのぞく）」

必要な情報 …日本の小学生の数、小学生が1年間で使うえんぴつの数

3 計算する

知りたいことを出すための式を考えて計算します。

日本の小学生の数
×
小学生ひとりが1年間に使うえんぴつの数

「小学生の数」のようにインターネットなどで調べられる数字は調べるよ。「小学生一人が1年間に使うえんぴつの数」のように調べられないものは、自分の経験からおおよその数を当てはめるんだ

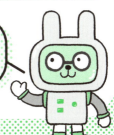

39

仕事をはじめるための準備は？

「事業計画書」を書こう！

　たくさんのアイデアをどうやって仕事にしていくのかを具体的に、わかりやすくまとめたものを「事業計画書」といいます。事業計画書には、仕事をはじめる理由、くわしい仕事内容、お金のこと、自分のことについてなどを書きます。事業計画書をつくると、しようとしてることがよくわかるので、人に協力してもらいやすくなるのはもちろん、自分がこれからするべきことを確認できます。

何のために働くのかを言葉にする

「これを仕事にする！」そう決意するきっかけになった気持ちを言葉にしたものを「企業理念」といいます。仕事をする理由です。仕事をしていると、ときにはつらいことや大変なことも出てくるでしょう。そんなときにも企業理念を思い出すことで、また力がわいてくるはずです。また、まわりの人たちを動かす力にもなります。

どんな仕事が人の気持ちを動かす？

仕事にはお金が必要です。とはいえ、お金もうけだけが仕事をする理由でしょうか。きっと、お金以外にも、かなえたい想いがあるからこそ、仕事をはじめるはずです。その強い気持ちに人は感動して、応援したいと思うようになるのです。だからこそ、「自分は何のために働くのか？」を最初にしっかりと考えて、企業理念として言葉にしておくことが大切です。

仕事内容を整理する

仕事内容を具体的に言葉にし、整理しましょう。いつ、だれに、何を、どうやって売るのかをはっきりさせます。

ほかの会社と比べてみる

似たような商品・サービスと比べてみましょう。そして、どこにも負けない強いところ、自分だけにしかないオリジナルなところをはっきりさせます。「ちがい」は仕事をするうえで、大事なポイントです。それをもとに上にある仕事内容を具体的にしていきます。ライバルとのちがいをしっかりとアピールし、お客さんにわかってもらうことで、「あなただから買いたい！」といってもらえるようになります。

お金について整理する

仕事にはお金が必要です。特に、新しく仕事をはじめるときには、まだかせいだお金がないので、自分でお金を用意する必要があります。最初にどれだけのお金があったら仕事をはじめられるのか、毎月どれだけのお金をかせげたら続けられるのか、具体的な金額を確認しておきましょう。

① 仕事をはじめるために必要なお金

仕事をはじめるためのお金を「開業資金」といいます。資金の集め方には、応援してくれる人から少しずつお金を集めるクラウドファンディングや、銀行からお金を借りる方法などがあります。また、決められた条件をクリアできたら、国や自治体がお金をくれる補助金などの制度もあります。

② 仕事をつづけるために必要なお金

商品・サービスを売って手に入れたお金「売り上げ」から、商品・サービスを売るために使ったお金「経費」を引きます。のこったお金がもうけ「利益」です。いくらの利益を出すのかも考えておかなければなりません。

クラウドファンディングでは、企業理念に賛成してもらえるほど、お金が集まる

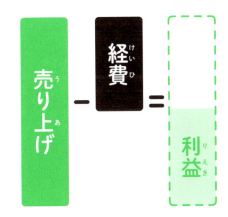

第1章 自分の会社をつくる！
第2章 会社を経営する
第3章 会社の危機を乗り越えろ！
第4章 会社を大きくしたい！

43

自分について整理する

経験してきたこと、できることなど、自分のことを整理しましょう。商品・サービスをつくった人が信用できる人なのかはお客さんにとってとても大事な情報です。そして、仲間を集めるときにも必要なことです。事業計画書には「略歴（プロフィール）」としてまとめます。

① これまで経験してきたこと

学校や地域の活動で、どんなことを学んできましたか？　たとえば野球チームでキャプテンをしたこと、子どもまつりでヨーヨーすくいのお店をやったことなど。みんながこれまでにやったことを思い出してみましょう。

② 自分のできること

これまでに一生懸命練習してできるようになったことや、大好きでいつまでもできてしまうことはありますか？　だれかによくお願いされることは、あなたにとって得意なことなのかもしれません。そろばん検定や漢字検定のような資格ももちろんできることの証明です。

コラム 知って得する！

自分を売りこむ！自己PR

「自己PR」とは、自分を知ってもらうだけではなく、自分の特によいところやこれまでの経験で学んだこと、みんなの役に立てそうなところをアピールするものです。何かチャンスをつかみたいときには、自己PRが重要です。

自己PRが使える場面
① 新しいクラスでの自己紹介
② クラスや学校の委員に立候補
③ 高校など入学試験での面接
④ アルバイトや就職試験での面接　など

自己PRのつくり方

「友だちを増やしたい」「サッカー部のキャプテンになりたい」など、何のために自己PRをするのかをはっきりさせましょう。目的がはっきりすると、それにふさわしい人だと思ってもらうには、自分のよいところの中で、どこをアピールすればよいのかもわかってきます。

また、授業で発表するときに、みんなに伝わりやすいように大きな声でゆっくり話したり、普段の生活の中でも自分のできることを増やせる場面がないかを意識してみたりすると自己PRが上手くなります。自己PRは大人になってからも必要なので、今からみがいておけるとよいですね。

学校で書いているキャリアパスポートも自己PR資料だよ！今年1年でどんな体験・成長をしたかな？

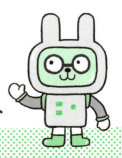

45

早く、手軽に起業する方法はある？

個人事業なら早く、かんたんに起業できる

　起業には大きく分けて、2つの方法があります。1つは、会社（法人）をつくること、もう1つは個人の仕事（個人事業）とすることです。法人の場合、「法人」という存在が仕事をしているという考え方になります。個人の場合は、起業した人が仕事をしているとなります。つまり、会社を立てて「XYZ会社」と名前をつけると、起業して仕事をしているのは自分でも、「XYZ会社」の仕事となるのです。個人事業の場合は、そのまま仕事をしている人の仕事となるので、シンプルです。そして、法人は起業するための手続きが複雑です。個人事業の場合は、提出する書類が少なく、法人に比べて早く、かんたんに起業できます。

個人事業主と法人を比べてみよう

　個人事業主とは、個人でビジネスをしている「人」のことです。一方、法人とは、法律で権利や義務がみとめられる「組織」のこと。法人設立手続きをすることで、人間と同じように契約を結んだり、銀行口座を開設したりすることができるようになります。

　手続きの大変さなどにもちがいはありますが、ここでは特に大きなちがいがあるお金と信用について、比べてみましょう。

個人ははじめるハードルが低い分信用も低くなるんだね

個人×お金

個人事業主の場合、利益はそのまま自分のお金になる。そこから、税金や年金・健康保険など、必要なお金を支払う。お金の流れはシンプルだが、プライベートのお金と仕事のお金が混ざりやすいので、しっかりと分ける必要がある。

個人×信用

個人事業主になるために、むずかしい手続きは必要ない。かんたんにはじめられるだけに、法人に比べると信用が低くなりがち。中には、法人としか仕事をしない会社もある。

法人はいろいろな手続きが必要だからこそ信用も高くなるんだ

法人×お金

法人は利益がたくさん出ても、そのまま社長のお金にはならない。社長は毎月同じ額を「役員報酬」というお給料の形で受け取る。受け取る額をかえるには手続きが必要。また、法人を一度つくると、赤字でも税金を払わなくてはいけない。

法人×信用

法人をつくるには、いくつもの手続きが必要。社名や会社がある場所、資本金などの情報を公開することになるので、信用は高くなる。その分、個人事業主と比べると、銀行からたくさんのお金を借りたり、大きな会社と仕事をしたりしやすい。

第1章　自分の会社をつくる！

第2章　会社を経営する

第3章　会社の危機を乗り越えろ！

第4章　会社を大きくしたい！

47

個人事業主のよいところ

はじめて起業をするのであれば、まずは個人事業主としてスタートするのがいいかもしれません。ビジネスをはじめる負担、やめる負担が法人と比べてとても少ないからです。まずは個人事業主としてビジネスをはじめてみて、うまくいく自信がもてたら、法人設立を考えてみるのもいいでしょう。

① 起業しやすい

個人事業主になる手続きはとてもかんたんな上、お金もかかりません。法人を設立するには、複雑な手続きがあり、それだけで25万円くらいの費用もかかります。また、法人を設立すると、もうかっていてもいなくても、毎年税金を払わなくてはいけません。手間もお金もかからない分、個人事業主のほうが起業しやすいでしょう。

② お金のあつかいがシンプル

1年に1回、その年に入ってきたお金と出ていったお金を記録したものを税務署に報告する「確定申告」が必要です。お金の流れを記録するルールはありますが、個人事業主の場合はかんたんな記録ですませることもできます。利益をどう使うかも、個人事業主は自分で自由に決められます。

③ 仕事の内容をかえやすい

法人の場合、仕事の内容をかえるには手続きが必要です。しかし、個人事業主は仕事内容をかえるときも、新しい仕事を追加するときにも手続きは必要ありません。

④ 仕事をやめるのがかんたん

個人事業主がビジネスをやめるときには「廃業届」を税務署に提出するだけです。お金は必要ありません。法人の場合、やめる手続きは複雑で、かんたんにはやめられません。

未成年でも個人事業主になれる？

個人事業主になるための年齢制限はありません。ただし、未成年である18歳未満の人が働く場合、保護者の同意が必要と法律で決められています。もし個人事業主になりたいなら、保護者が「これなら大丈夫！」と思える事業計画書をつくって、なることを認めてもらいましょう。

第1章 自分の会社をつくる！

第2章 会社を経営する

第3章 会社の危機を乗り越えろ！

第4章 会社を大きくしたい！

コラム　もっと知りたい！

個人事業主になる方法

　どんな仕事をするかが決まり、仕事をはじめるためのお金や場所が用意できたら、いよいよ仕事をスタートさせます。

　未成年が個人事業主になるには、保護者の同意を得たうえで、3つの書類を提出する必要があります。提出する場所がそれぞれちがうので、注意が必要です。

① 未成年者登記を行う

　未成年者が自分の名前で仕事をはじめる場合、法務局で「未成年者登記」の申請を行うことが法律で決まっています。登記を申請するときには、保護者など法定代理人の許可を証明する書面か、申請書への法定代理人の記名押印が必要です。

② 開業届を出す

　開業届は正式には「個人事業の開業・廃業等届出書」といいます。新たに仕事をはじめた日から1か月以内に税務署に提出します。提出が遅れても罰則はありません。ただし、開業届を提出しておかないと、節税（税金をできるだけ少なくすること）効果の高い青色申告という方法で確定申告をすることができません。開業届を提出するときには、個人番号（マイナンバー）と本人確認書類が必要です。

③ 事業開始等申告書を出す

　都道府県税事務所に新たに仕事をはじめたことを知らせるための書類が「事業開始等申告書」です。各都道府県税事務所に提出します。提出期限は各都道府県によって異なります。提出をしなくても罰則はありませんが、決められた手続きをすべて行うことで、気持ちよく仕事をはじめられます。

「開業届」を見てみよう！

開業届の書き方は国税庁のホームページで解説されています。見慣れない言葉がたくさんあってむずかしく感じることもあるかもしれませんが、ひとつひとつ確認しながら書いていきましょう。

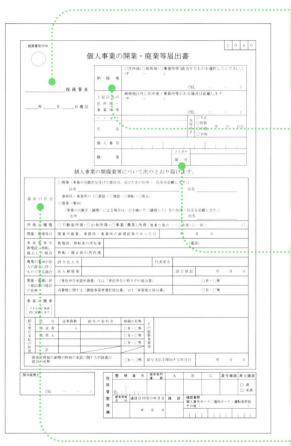

書式元：国税庁ホームページ「個人事業の開業・廃業等届出書」
(https://www.nta.go.jp/taxes/tetsuzuki/shinsei/annai/shinkoku/pdf/h28/05.pdf)

宛名（◎◎税務署長）
納税地を担当している税務署名を記入します。わからない場合は、国税庁のホームページで確認しましょう。

納税地
自宅の住所が一般的ですが、お店や事務所が別の場所にある場合はそちらの住所を記入してもかまいません。

屋号
屋号とは会社の社名にあたるものです。必ずつけなくてはいけないものではないので、空欄でもかまいません。開業届に記入した屋号を変更したい場合は、確定申告のときに新しい屋号を記入するだけで変更可能です。

届出の区分
仕事をはじめる（開業する）ときも、やめる（廃業する）ときも同じ書類を使います。仕事を新しくはじめるときには、「開業」「新設」にチェックを入れます。

とてもむずかしいので、知っている大人や経験者に聞いてみよう！

51

> コラム　知って得する！
>
> 失敗したときのリスクを減らす

経営者保証をはずすという選択

「経営者保証」とは、お金を借りるときに、経営者がお金を返す責任を負うことです。会社が倒産すると、経営者が借金を背負わなければなりません。経営者保証なしでお金を借りれば、借金への気持ちの負担が減り、思いきったチャレンジができます。

会社のお金＝社長のお金にしない

条件を満たせば、経営者保証をつけずにお金を借りられる可能性があります。経営者保証をはずせば、借金は会社のものとなります。保証をはずすためには、金融機関に信頼してもらわなければいけません。まず会社と個人のお金をしっかりと分けることが大事です。

経営者保証をはずすためのおもな条件

- 会社と経営者個人をはっきりと区別して、お金や資産を管理すること
- 金融機関に会社のお金の流れをいつでも説明できること

> 経営者保証をはずすには金融機関も安心できる経営をしないとね！

第2章 会社を経営する

リーダーはだれにでもなれるもの？
会社を大きくするには何をすればいい？
会社の経営と遊びや勉強は両立できる？

第2章 会社を経営する

仕事には仲間が必要？

仕事は一人ではできない！

　1つの仕事の中には、さまざまな「やるべきこと」があります。個人事業主として仕事をするとしても、自分一人だけで「やるべきこと」のすべてができるわけではありません。自分が苦手なことを得意な人にお願いしたり、いろいろな分野のプロが集まって1つのものを完成させたりすることもあります。多くの仕事は一人だけでは完結しないものなのです。

なぜチームが必要なのか？

　チームをつくると、規模の大きな仕事ができたり、それぞれのよいところを生かした質のよいサービスや商品を提供できたりします。みんなで大きな目標を達成できると、一人だけのときには味わえない大きな達成感や満足感を味わうことができるはずです。

① むずかしいことも達成できる！

　一人よりもチームで取り組むとできることが増えます。人にはそれぞれに得意なことがあります。だれかがだれかの不得意をカバーできれば、仕事の「量」も「質」も向上するのです。

② いろいろなアイデアが集まる！

　一人だけでアイデアを考えると、どうしても似たものになりがちです。チームだと、それぞれがちがった経験や知識をもっているため、いろいろなアイデアが集まります。

いいチームをつくる方法

いいチームとは、仕事の成果が出せるのはもちろん、メンバーみんなが「このチームで仕事ができてよかった！」と思えるチームです。そのためには、お互いを信頼できる関係であること、そしてみんなが持っている力を思う存分出せる環境をつくることが大切です。

① 人の話を最後まで聞く

相手が話し終わっていないうちに、「でも」とちがう意見を話しはじめてはいませんか？　会話は言葉のキャッチボールです。相手のボールを無理にうばいとって、強いボールを投げていては、自分の言葉も相手には届きません。

② 自分の得意なことで貢献する

先頭に立ってみんなをひっぱることが得意な人もいれば、だれかが提案したことをコツコツと形にすることが得意な人もいます。自分の得意なことでどうやってチームの役に立てるのかを考えましょう。

③ 失敗はみんなで共有する

失敗は成功につながる貴重な経験です。自分から失敗した経験を話すと、まわりの人も自分の失敗談を話しやすくなります。

リーダーシップ力をみがく方法

起業すると、リーダーとしてメンバーをまとめる機会が増えます。リーダーには、メンバーのやる気を引き出し、目標達成に向け、チーム全体を引っ張っていく「リーダーシップ力」が必要です。

①こまっている人を助ける
自分が忙しくても、必要であれば手を貸すことが自然とできる人は、人からも信頼されやすいでしょう

②思いを言葉にして伝える
熱い思いは人の心を動かします。「なぜこの勝負に勝ちたいのか？」言葉にして、みんなに伝えることが大切です

③まわりの人に声をかける
どんな言葉なら励ませるのか？　しっかりと観察して、状況やその人に合った声かけをしましょう

ドンマイ！

リーダーにもいろいろなタイプがいるよ。自分らしいリーダーシップの形をみつけよう！

第1章　自分の会社をつくる！
第2章　会社を経営する
第3章　会社の危機を乗り越えろ！
第4章　会社を大きくしたい！

もっとすごいことが したくなったらどうする？

人の知恵や力を借りてパワーアップ！

　会社を経営していくと、今までとはちがうチャレンジをしたいと思うことがあります。ビジネスを広げていくには大人の力が必要です。たくさんの経験を通して得てきた大人の知恵や信用を借りることで、さらに大きなチャレンジができるようになります。人とのつながりを築く力「ネットワーキング力」はとても大切な力です。この力をつけることで、ほかの起業家や専門家と協力する関係をつくり出すことができます。

異なる世代から刺激をもらう

生きてきた時代がちがう人たちは、経験してきたことも、価値観も異なります。世代間の「ちがい」を知ることで、より人への理解も深まります。そして、物事をいろいろな視点で見られるようになるので、人として成長できるのはもちろん、新しいビジネスのヒントも手に入れやすくなります。

異なる世代とつきあうメリット

① 知識が増える

長年の経験から得られた知恵や、最新のデジタル技術の活用方法など、それぞれの世代がもっている知識があります。世代間で知識を共有できれば、自分だけでは得られない知識を知ることができます。

② 考え方の幅が広がる

自分ひとりだけでは考え方がかたよりがちです。さまざまな価値観を知り、自分の思いこみに気づくことで、視野を広げます。

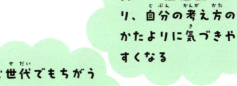

新しい価値観を知り、自分の考え方のかたよりに気づきやすくなる

経験者としてたくさんのノウハウや知識をもとにアドバイスをもらえる

同じ世代でもちがうところはもちろんある。人とのちがいをより深く理解できる

第1章 自分の会社をつくる！
第2章 会社を経営する
第3章 会社の危機を乗り越えろ！
第4章 会社を大きくしたい！

コミュニケーション力をアップさせる方法

人はそれぞれちがう考えや価値観をもっていて当然です。そのちがいをお互いへの理解や学びにつなげるためには「コミュニケーション力」が欠かせません。少しの工夫で、世代や環境のちがう人とも気持ちや意見を上手に伝えあえるようになります。

① あいさつをする

あいさつはコミュニケーションの基本です。笑顔で自分からあいさつをすれば、「あなたとよい関係になりたい」という意思表示になります。最初にひとこと言葉をかわすことで、会話がしやすくなります。

② 目を見る

話し相手の目の動きは気になるものです。キョロキョロと落ち着きがなかったり、目をそらせたりすると、マイナスの印象を相手に与えてしまいます。相手の目を見て話をするだけで、安心感や信頼感、誠実さを感じてもらいやすくなります。

> クラブ活動や習いごとを通して、年齢の異なる人とのつきあい方や言葉づかいを身に付けよう！

③ うなずく

話をしているときに相手の反応がないと、人は不安な気持ちになります。うなずきながら話を聞くと、集中して聞いていることが、話をしている人にも伝わります。

> 自分の話をしっかり聞いてくれる相手には、「また話したい」と思うよね

④ 素直に受け止める

人からのアドバイスや意見を疑ったり、否定したりすることなく、そのままを受け止めます。自分の考えや主張をいったんおいて、素直に話を聞くことで、今まで気づけなかった自分の思いこみや新たな考え方に気づく機会になるはずです。

⑤ 質問する

興味をもって話を聞いているからこそ知りたいこと、分からないことが出てくるものです。質問をすることは自分の関心の高さを相手に伝えることになります。質問をすればするほど相手のことや相手の考えていることを深く理解することができ、関係も深まります。

お客さんを増やすには どうしたらいい?

宣伝をして仕事を知ってもらう

　お客さんを増やすには、まずはたくさんの人に商品やサービスのよさを知ってもらう「宣伝」が必要です。宣伝をするために、どんな人が、自分の商品やサービスを必要としているのかを具体的にイメージします。
　宣伝方法は大きく2つ、インターネットを使ったオンラインの宣伝と、インターネットを使わないオフラインの宣伝があります。お客さんになりそうな人に届きやすい宣伝方法を選びましょう。

効果的な宣伝方法を選ぶ

　オンラインとオフラインの宣伝の中にも、いろいろな宣伝方法があります。オンラインにはホームページやSNS、オフラインにはチラシやフリーペーパーへの広告などです。スマホでの情報収集がメインである若い人たちにはSNSなどのオンラインの宣伝が向いていますが、年配の人たちには新聞の折りこみなどオフラインでの宣伝が向いています。

オンライン

インターネットをよく見る世代に幅広く宣伝したいときは、オンラインが効果的。費用は無料からはじめられます。ただし、効果的な宣伝を行ったり、くわしく宣伝効果を確認したりするには、プロのアドバイスが必要となり、ある程度の費用がかかってしまいます。

ホームページ

メルマガ

SNS

オフライン

インターネットをあまり使わない世代に向けてや、地域をしぼって宣伝したいときにはオフラインでの宣伝が効果的。ただし、ちらしなどの制作物をつくるのに費用がかかったり、情報の修正がすぐにはむずかしかったりする点には注意が必要です。

知り合いからの紹介

ちらしくばり

フリーペーパーへの広告

マーケティング力を身につける

　マーケティングとは、社会全体にプラスとなる価値を生み出し、お客さんの「ほしい気持ち」を育て、お客さんにファンになってもらうための手順や方法のこと。マーケティングに必要な能力「マーケティング力（市場分析力）」は、どんな仕事にも必要です。

マーケティングで考えること

だれに？

お客さんになる人はどんな人？　どんな暮らしをしている？　その人の悩みや理想は？

> たとえば…
> ● 消しゴムのカスを捨てず毎日怒られている、めんどくさがりな小学生
> ● もっと気軽に人と会話を楽しみたい、一人暮らしのおじいさん、おばあさん

何を？

お客さんの望みを叶えるには何が必要？　どんな商品やサービスなら使ってもらえる？

> たとえば…
> ● 消しゴムのカスをためるとキャラクターが育つゲーム機能つき卓上クリーナー
> ● かんたんな操作で人と話せるアプリ

どうやって？

商品やサービスを知ってもらう方法は？　「ほしい！」と思ってもらうには？

> たとえば…
> ● 子どもに人気のあるYouTuberに商品を使ってもらい、PR動画をつくる
> ● おじいちゃん、おばあちゃんが通うリハビリ施設や集会所などでためしてもらう

マーケティング力をアップする方法

マーケティング力は日常生活でもきたえられます。自分がおすすめしたいものを人に提案するとき、家族への誕生日プレゼントを考えるときなど、だれかの気持ちを動かすにはどうしたらいいかを考えてみましょう。

クラスの友だちに本を紹介してみよう！

だれに？
まずは紹介する友だちのことを知りましょう。

> 本を読むことは好き？　どんなときに本が読みたくなる？　1か月にどれくらい本を読む？

何を？
本が好きな人とそうではない人では、おすすめする本もちがってきます。紹介する友だちに合いそうな本を選びましょう。

> 本のボリュームはちょうどいい？　友だちが興味をもちそうなテーマ？

どうやって？
友だちが「読んでみたい！」「おもしろそう！」と思うポイントはどこかを意識して紹介の仕方を工夫します。

> 本のストーリーで気になるところを紹介する？　マンガにして読みやすさをアピールする？

第2章 会社を経営する

遊びも学校も楽しみたい！それでも仕事はできる？

人生には遊びも仕事も勉強もすべて大事

　学校、遊び、習いごとに加えて、仕事をするとなると毎日、大忙し！しかし、時間をつくれるかどうかは自分次第です。未成年のうちは、身のまわりのことは保護者にお願いできることが多いため、ほとんどの時間を自分のために使えます。その中でうまく時間を使って仕事をすることは可能です。今は、友だちや家族と過ごすことや遊ぶこと、学ぶことや休息を取ることと同じように、仕事をすることは人生を豊かにするために必要なものの1つと考えるようになってきています。仕事は自分らしい人生を送るために大事で欠かせないものなのです。今のうちに自分の時間やエネルギーをうまく管理する力「自己管理能力」を身につけましょう。

遊び・学校・仕事の計画を立てる

　これまでの生活に仕事を加えるということは、その分の時間をつくり出さなければなりません。そして、限られた時間の中で、計画を立てて、やるべきことを確実に前に進めていく必要があります。

やるべきことに順位をつけよう

　今やるべきことはもちろん、今はやらないことを決めることも重要です。やることを整理するために、「アイゼンハワーマトリクス」を使ってみましょう。これは「緊急（いそぎでやるべきこと）」と「重要（大切なやるべきこと）」の2つの軸でグループ分けをし、すべきことの順番を決めるものです。

重要

大切なことなのに、まだ時間があると思うとつい後回しにしてしまいがちです。後回しにした結果、いそぎでやらなくてはいけなくなることも。そうならないために、いつやるのかを先に決めておきましょう

- 授業の復習
- 仕事仲間さがし

重要で、緊急は最優先！

迷っている時間があったら、すぐにやりましょう！

- 今日の宿題
- トラブルになっているお客さんへの電話

緊急

重要でもなく、緊急でもないものは最後、またはしない
- YouTubeで好きな動画を見る
- 好きなSNSへのコメント

重要でも、いそいでもないものは、しなくてもいいことです

- 行きたくない急な遊びのおさそい
- 営業電話の対応

いそぎだとつい「すぐに対応しなくては！」と思いがちです。けれど、いったん落ち着いて、本当にやる必要があるのか、自分がやらなくてはいけないのか、考えてみましょう

第1章　自分の会社をつくる！

第2章　会社を経営する

第3章　会社の危機を乗り越えろ！

第4章　会社を大きくしたい！

コラム もっと知りたい！
自分の時間をコントロール！

やりたいことをどんどん実現させるには、より結果につながる行動をとることが大事！ PDCAサイクルとよばれる仕事を改善する方法をためしてみましょう。PDCAサイクルとは、自分の行動をふりかえり、さらによい行動につなげるために役立つ考え方です。

1. 計画を立てる
まず目標を具体的に決めておく必要があります。目標達成にはいつまでに、何が必要かを確認したうえで、計画を立てましょう。

2. 計画を実行する
計画通りに行動しましょう。行動しながら、うまくいかない点、工夫できる点がみつかったら、記録し、次につなげます。

3. 計画・行動をふりかえる
効率的に目標を達成するために、行動した結果と、その理由をふりかえりましょう。

4. よくする方法を考える
ふりかえりをもとに、計画から立て直す、行動の仕方をかえる、そもそもの目標をかえるなど、次に何をするかを考えます。

PDCAとは、Plan（計画）、Do（実行）、Check（チェック）、Action（対策・改善）の頭文字を集めたものだよ

第3章
会社の危機を乗り越えろ！

仕事で大失敗したときはどうしたらいいの？
商品やサービスが売れなくなったらどうする？
いっしょに働いている人がやめちゃった！
もう、どうしよう！？

第3章 会社の危機を乗り越えろ！
問題発生 1
仕事で大失敗！どうしよう

会ってあやまる！

　失敗したときは、勇気を出して直接会ってあやまることが大切です。相手の目を見て、心から反省の気持ちを伝えましょう。「申し訳ありませんでした」とはっきりいい、どこが悪かったのかを説明します。そして、どうやって問題を解決するのか、二度と同じ失敗をくり返さないためにどうするのかを話します。そのときは相手の話をよく聞いて、質問にはしっかり答えましょう。失敗はだれにでもあります。大切なのは、正直に向き合い、学んで成長することです。失敗から学びを得る「失敗力」をきたえればもっとよい仕事ができるようになります。

70

「失敗」は最優先で対応する！

失敗に気づいたら、すぐに行動することが大切です。まず、何が起きたのかをよく確認します。失敗の影響を受ける人たちへすばやく連絡しましょう。正直に状況を説明し、対応策を伝えます。「すぐに対応する」姿勢は、信頼を守るために重要です。失敗を隠さず、誠実に対応することで、まわりの人たちの理解を得られます。

① 相手にあやまる

おわびは直接会っていいましょう。会えない場合は電話をします。メールだけですませてはいけません。相手の目を見て、または声を聞きながら、心からの謝罪を伝えます。

② 仲間と共有する

失敗をしたら、いっしょに働いている人たちと共有することが大切です。どんな失敗だったかを説明し、チーム全体で学ぶ機会にしましょう。ほかの人の失敗体験を聞くことで、同じ失敗を防ぎ、個人の成長にもつながり、会社全体も強くなります。

あやまるときの4原則

あやまるときは、次の4つを準備します。「原因究明」「責任の所在」「補償」「再発防止策」です。この4つを心がけると、誠実な謝罪ができます。そして、失敗としっかり向き合うことで信頼を取りもどせます。失敗は成長する機会だと考えましょう。

たとえば学校のことで考えると……

学校の花だんの花をからせてしまったとき

① 原因究明

なぜ失敗したのかをよく考えます。原因が分かれば、次にいかせます。

② 責任の所在

だれの失敗かをはっきりさせます。自分が悪かったときには、「わたしが悪かったです」という勇気をもちましょう。

雨がふらない日が続いたので水が足りなくなっていた。

かれてしまった週の世話係の当番が水をあげわすれていた。

自分が怒ったときはちゃんと許す！

失敗を許すことも大切です。相手が心から反省し、次は失敗しないようにしているなら、怒りをやわらげましょう。いつまでも許さないのはよくありません。==きちんと許していることを相手に伝えて、よい人間関係を続けることが==、みんなの成長につながります。

③ 補償

失敗によってこまらせてしまった人にどういう形でおわびをするか、失敗をおぎなう方法を考えます。できることを提案しましょう。

④ 再発防止策

同じ失敗をくり返さないための対策を考えます。具体的な方法を相手に説明しましょう。

まだかれていない植物の水やりを忘れないようにする。かれた花のかわりに植える植物を提案する。

水やりノートをつくる。当番の人は、その日に水をあげたかどうかの記録をつけるようにする。

第3章 会社の危機を乗り越える！

問題発生 2
売り上げがのびない！どうやってかせごう

原因をつきとめ、次の戦略を立てる！

　売り上げがのびないときは、まず、どうしてのびないのか原因をつきとめなければなりません。原因をつきとめる方法として、お客さんの声を聞く、似たような商品・サービスを提供しているライバル会社と比べる、という2つの方法があります。そうすれば、自分たちの強みと弱みがわかります。

　それらをもとに、新しい戦略を立てます。たとえば、商品を改良する、宣伝の方法をかえる、新しいお客さまを探すなどです。こうした問題を解決するための力を「問題解決力」といいます。

問題を解決する方法を考える

まず問題をはっきりさせなければなりません。「何が起きているのか」を具体的に書き出します。次に、なぜそれが起こっているのかを考えます。原因はたくさんあげましょう。そして、解決策を考えます。どうすれば問題が解決できるか、アイデアを出し合います。最後に、解決策を選び、実行計画を立てます。

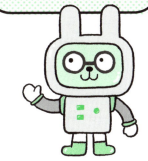

「問題解決力」を身につければ、どんな困難も乗り越えられるようになるよ！

新しい道を見つける！

売り上げがのびないときは、新しい商品やサービスにかえるのも1つの手です。その場合、まず、お客さんの悩みやほしいものを考えましょう。そして、それを解決する方法を思いつくまで、考えます。どんなアイデアでも、まずは出してみましょう。大切なのは、自由に考えることです。

はみがきこって、最後、残っているのがなかなか出ないよね。最後まで使いきれる形にすれば、売れる商品になりそう！

自由に発想し、新しいことを考える力「創造力」が大事！ 創造力を身につければ、自分らしい人生をきりひらいていけるよ

コラム 知って得する！

失敗の原因を深ぼり！
フィッシュボーンチャート

　売り上げがのびない原因を見つけるには、フィッシュボーンチャートが便利です。これは魚の骨のような形の図で、問題の原因を整理し、対策を考えるのに使います。フィッシュボーンチャートを使って、みんなでアイデアを出し合いましょう。

フィッシュボーンチャートの書き方

❶ 紙に大きな魚の骨をかき、魚の頭にこまっている問題を書く
❷ 大骨にすぐ思いつく原因を書く
❸ 小骨に細かい原因を書く

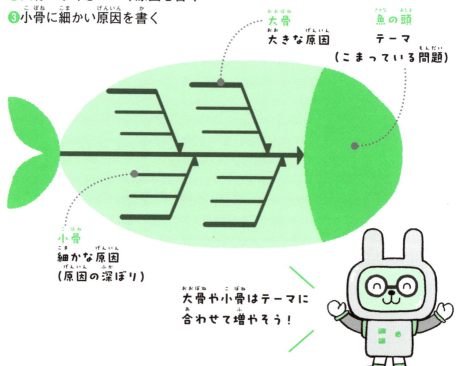

大骨や小骨はテーマに合わせて増やそう！

やってみよう！
フィッシュボーンチャートで問題解決

自分の問題をフィッシュボーンチャートで深ぼりしてみよう！

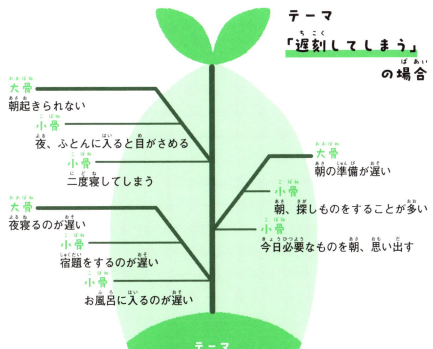

テーマ「遅刻してしまう」の場合

大骨 朝起きられない
小骨 夜、ふとんに入ると目がさめる
小骨 二度寝してしまう

大骨 夜寝るのが遅い
小骨 宿題をするのが遅い
小骨 お風呂に入るのが遅い

大骨 朝の準備が遅い
小骨 朝、探しものをすることが多い
小骨 今日必要なものを朝、思い出す

テーマ 遅刻してしまう

なんとなく解決策が見えてきたぞ。前の日に、準備をしておくと朝の準備が早くなりそう！

フィッシュボーンチャートは、問題を解決するときだけでなく、アイデアを考えるときにも使えるよ

77

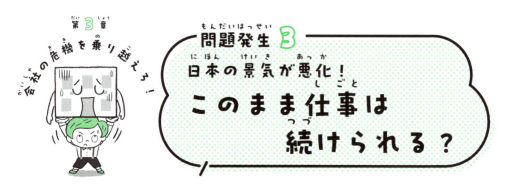

世界に目を向けよう！

　日本の景気が悪くなると、お店の売り上げが減ったり、会社は人を減らしたりしなければならなくなります。でも、これは新しいチャンスかもしれません。日本以外の国でも仕事はできるのです！　世界には200か国近い国があり、それぞれにちがった文化や経済があります。ある国で景気が悪くても、別の国では景気がいいこともあります。グローバル化が進んだ今、インターネットを使えば世界中の人とつながれます。言葉や文化のちがいはありますが、それを乗り越える勇気があれば、大きなチャンスが待っています。

海外で仕事をするために必要なこと

日本から世界へとマーケットを広げるには、英語の勉強をしたり、世界の文化について学んだりすることが大切になります。

柔軟な考え方をもとう

日本と海外では文化がことなり、人々の考え方もことなります。自分の常識で相手を判断せず、頭と心を柔らかくして、人とつきあいましょう。変化する状況に対応するには、「柔軟性と適応力」が必要です。

英語の勉強をしよう

英語が使えると世界中の人と会話できます。さらに、英語でインターネットの検索をすると、日本語で検索するよりも多くの情報を集めることができます。

AIやアプリなどを使いこなそう

AI（人工知能）や無料で使える便利なアプリの使い方を学びましょう。今よりもっと仕事を早くできるようになったり、楽になったりします。また、仕事相手が使っている技術に対応できることが、仕事を広げることにつながります。ですが、中には使うのに年齢制限があるものもあります。たとえば、ChatGPTを使えるのは13歳以上からで、18歳未満の場合は保護者などの同意が必要です。使い方をしっかり確認しましょう。

世界へと飛び出す力を身につける

日本を飛び出し、世界で仕事をするときに必要なのは、「チャレンジ精神」と「言語力」。チャレンジ精神が高い人は、初めてのこと、むずかしいこと、苦手なことにも挑戦し、そこから自分の世界を広げていけます。そして、言語力が海外への挑戦のあとおしをしてくれます。コミュニケーションの基本は言葉で伝えること。言葉の壁が低くなるほど、チャレンジしやすくなります。

チャレンジ精神をきたえる！

チャレンジ精神とは、新しいことや問題に挑戦すること。失敗がこわい気持ちはだれもがもっています。まずは、「ちょっと気になる」「やってみたい」と思うことから挑戦してみましょう。そして、人に何かを頼まれたり、問題が起きたとき、「むり」「できない」という言葉はなるべくいわず、まずやってみましょう。

学校にくる英語の先生に話しかけたり、海外の人に道を教えたりして、実際に英語を使ってみよう！

外国語で短い日記を書いたり、ひとりごとを外国語でいったりしてみよう

言語力をきたえる！

英語を使えるようになると世界中の人とコミュニケーションがとれ、より多くの情報を得られます。言葉は、すぐに使えるようになるものではありません。英語にふれる機会、使う機会を増やし、少しずつ身につけていきましょう。

チャレンジ精神はどんな仕事でも重要な能力

チャレンジ精神が欠かせないのは、起業家だけではありません。どんなことをするにも重要な能力なのです。会社がいっしょに働きたい（採用したい）人はどんな人かを調べたところ、約半分の会社が「チャレンジ精神が高い人」と答えました。実際に働いている人たちは、チャレンジ精神がとても必要であると実感しているのです。

会社が採用したいと思う人の姿

*最大8つまで回答

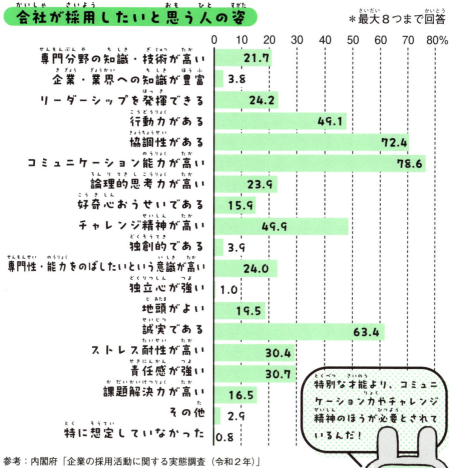

項目	%
専門分野の知識・技術が高い	21.7
企業・業界への知識が豊富	3.8
リーダーシップを発揮できる	24.2
行動力がある	49.1
協調性がある	72.4
コミュニケーション能力が高い	78.6
論理的思考力が高い	23.9
好奇心おうせいである	15.9
チャレンジ精神が高い	49.9
独創的である	3.9
専門性・能力をのばしたいという意識が高い	24.0
独立心が強い	1.0
地頭がよい	19.5
誠実である	63.4
ストレス耐性が高い	30.4
責任感が強い	30.7
課題解決力が高い	16.5
その他	2.9
特に想定していなかった	0.8

参考：内閣府「企業の採用活動に関する実態調査（令和2年）」

特別な才能より、コミュニケーション力やチャレンジ精神のほうが必要とされているんだ！

第3章 会社の危機を乗り越える！

問題発生 4
パンデミック発生!?
これからどうしたらいいの!?

必要なことを見つけ、行動にうつす

　パンデミックとは、世界中で同時に病気が広がることです。2020年、新型コロナウイルスによるパンデミックで、生活は大きくかわりました。日常生活がかわると、必要なことやものもかわります。それは仕事にも影響します。これからの生活を予想し、そこではどんな問題が起きそうか、その問題を解決するために必要なもの、あると助かるものを想像します。そして、自分にできることを見つけ、行動にうつすことが大切です。

より正確に未来を想像し、必要なことを見つける

パンデミックが起きたとき、大切なのは「判断力」です。判断力とは、ものごとを正しく見て、必要な選択をする力のこと。こまったときほど、自分やまわりの状況をよく見て、どう動くべきか考えなければなりません。正解はひとつではありません。自分で考え、選ぶ力を身につけましょう。

歴史から何が起きるか考える

これまでの生活を大きくかえるようなことであっても、過去に似たようなことが起きている可能性があります。たとえば、新型コロナウイルスの歴史から、感染症によって起きることを想像できます。

外で遊べなくなるのかあ。体を動かせないとストレスがたまりそう……

一人で運動するのはつまらないけれど、オンラインで友だちと動くのは楽しそう！

未来に向けて行動する

どんな問題が起きるか予想を立てたら、その問題に対してできることを考えます。たとえば新型コロナウイルスの問題からは、狭い空間でできる運動、マンションなど下の階にいる人に迷惑をかけない運動があるとよいことが予想ができます。そうしたサービスや商品を生み出し、提供することが新たな仕事につながります。

毎日の生活の中で判断力をみがく

判断力は、毎日の生活で必要とされていることでもあります。そして、実は気づかない間に使っている能力でもあるのです。いつもの行動に、理由をもたせたり、スピードを意識したりして、判断力をみがきましょう！

①洋服の判断基準をもつ

毎日の洋服を決めるとき、今日の行動、目的を意識してみましょう。たとえば、図工がある日はよごれてもいい服、家族で映画を見るなどお出かけするときはおしゃれな服というように、自分なりの判断基準を決めておきます。自分の判断基準をもつことは、判断力アップにつながりますよ。

②おやつは悩まずぱっと決める

アイスクリームやおかしを買うとき、よりスピードを意識してみましょう。悩んでもそんなにかわらないこと、次の機会があるものはぱっと選びます。すばやく決断できるようになれば判断力がアップします！

③ 思いこみを捨てる

リレーの順番を決めるとき、「一番速い子がアンカー」と思いこんでいませんか？ 前の子を抜くのは、速さに差がないと大変。もしかしたら、最初に速い子をかためて相手と差をつければ、逃げきって勝てるかもしれません。目的を達成することだけを考えて、自分の思いこみを捨てると、正しい判断ができるようになりますよ。

④「めんどくさい」をやめる

「ゴミを捨てる」「お風呂に入る」など、しなければならないことはさっさとしてしまいましょう。「めんどくさい」と思い、判断を先のばしにしたことで、時間がなくなり問題になることはよくあります。まずは、「めんどくさい」ということをやめましょう。すべきことをすぐすることが判断力アップにつながります。

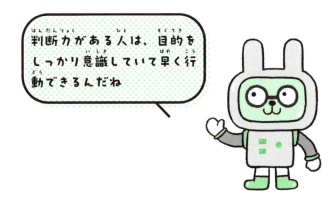
判断力がある人は、目的をしっかり意識していて早く行動できるんだね

第3章 会社の危機を乗り越える！

問題発生 5
やりたいことがあってもお金がない！
どうやってお金を集める？

お金の集め方はいろいろ！ きちんとした方法を選ぼう！

　アイデアはあるのに、お金がない。起業家が直面する大きな壁です。必要に応じて、お金を借りるなどして集めなければなりません。お金を集める方法はいろいろあります。しかし、かんたんに借りられるという理由で借入先を選んではいけません。きちんと審査がある場所を選び、借りるときの条件をしっかり確認しましょう。また、家族であっても借りる理由、返す目安を準備して納得してもらう必要があります。

　仕事ではいろいろなピンチがおとずれます。==どんなリスクが起きるか考え、それに対応する力「リスク管理力」が必要です。==

仕事のためのお金を集める方法

仕事のためにお金を借りることを「事業融資」といいます。政府、銀行、信用金庫などが行っています。融資を受けるためには、借入先を納得させなければならず、借りたお金は利子という追加のお金をつけて返さなければなりません。そのほか、仕事の内容に賛成してくれた人から集めるクラウドファンディングなどの方法もあります。

日本政策金融公庫の融資	日本政策金融公庫は政府が運営する機関。新しいビジネスを応援する融資や、社会全体にかかわる困難に対する融資などを行います。
銀行の融資	銀行も事業融資を行っています。ただし、融資を受けるための条件は厳しく、事業計画をしっかり立てて、返済の見通しを示さなければなりません。
ベンチャーキャピタル	新しいビジネスにお金を出す会社です。高い成長が期待できる事業に投資してくれます。ビジネスの相談に乗ってくれることもあります。
クラウドファンディング	インターネットを使って多くの人から少しずつお金を集める方法です。面白いアイデアなら、製品ができる前からお金が集まることもあります。

どの方法も、しっかり計画を立てて、借りたお金でどんなビジネスをするのか、どうやって返すのかを説明する必要があるよ！

ほしいものを買ってもらうときも納得させる理由が必要だよね！

第3章 会社の危機を乗り越える！

問題発生 ❻ いっしょに働いている人がやめてしまった！
働きたくなる会社はどうつくる？

日々、自分の思いを伝えよう！

　仕事をする理由はたくさんありますが、その会社の理念（仕事を通して成しとげたいと思っていること）に賛成できること、いっしょに働いている人が同じ目標をもち、それぞれが一生懸命がんばっていることは、社員が仕事を続けるうえで重要です。自分の生活でも、何のためにしなければいけないのかわからなかったり、みんなですることなのに自分だけがんばっていたりすると嫌になりますね。そのため、社長は、会社を通してしたいことを伝え続け、目標を共有し、みんながんばりたくなるような場所をつくらなければなりません。

あきらめずにやりぬくことが大切

自分の考えを人に伝え、わかってもらうのはかんたんなことではありません。さらに、理解してもらっても、会社の理念という気持ちに大きくかかわるものである場合、ずっとその気持ちをもち続けてもらうのは大変なことです。そのため、社長やリーダーなど人をまとめる立場では、常に自分の気持ちや、目標を伝え続けることが重要です。

やりぬく力「グリット」を身につける

あきらめずにやりぬく力を「グリット」といいます。グリットは「GRIT」と書き、「Guts」（困難に立ち向かう気持ち）、「Resilience」（大変な状況に負けず、立ち直る力）、「Initiative」（自分で目標を見つけること）、「Tenacity」（最後までやりとげる気持ち）という4つの言葉の頭文字をとってできたものです。アメリカの大学教授が「どんなことも成功するには、才能より、あきらめず、長くがまん強く取り組み、やりとげることが何より大事である」という研究結果を発表し、この言葉が世界中に広がりました。

楽観的に考えてあきらめない

グリットは楽観的に考えることでのばすことができます。「もうだめだ」「自分にはできない」と悲観的になると、気持ちが落ちこみ、がんばる力もわいてきません。しかし、「まだ大丈夫」「できる方法があるはず」と思うと、気持ちをとぎれさせず、がんばり続けることができます。グリットで重要なことは「情熱」と「ねばり強さ」。この2つをもち続けるには楽観的に考えることが大切なのです。

テストでわからない問題があっても「解ける」と思ってやりきるぞ

失敗しても大丈夫！ チャレンジを恐れるな！

　有名な起業家たちも、最初からうまくいったわけではありません。むしろ、たくさんの失敗を重ねてきました。たとえば、トーマス・エジソンは電球を発明するまでに10,000回以上も失敗したといわれています。でも、彼は「わたしは失敗していない。うまくいかない方法を10,000個見つけただけだ」と、とても前向きな発言をしています。

　失敗を恐れずにチャレンジすることで、どんどん成長できるのです。自分の気持ちを正しい言葉で表現できるようになったり、原因をきちんと見つけられるようになったり、うまくお金を使えるようになったりします。

　大成功をおさめた起業家たちの失敗を見てみましょう！

ジョブズは若いころ、自分でつくった会社アップル社から追い出されてしまいました。いろいろな人の仕事に口出しして社員を疲れさせ、さらに商品の売り上げ予測を外してしまったからです。でも、ジョブズはあきらめずに新しい会社をつくって成功し、最後にはアップル社にもどりました。そして、これまでの経験を生かし大成功をおさめました。

ウォルト・ディズニーは、働いていた会社をクビになったことがあります。さらに、立ち上げた会社を3回も倒産させているのです。ディズニーランドの建設も、たくさんの苦労がありました。しかし、夢をあきらめずにがんばり続けたことで、世界中の人々を笑顔にする会社をつくりあげました。

ディズニーランドの生みの親
ウォルト・ディズニー

アマゾンの創業者
ジェフ・ベゾス

アマゾンは一時期、ファイアフォンという商品の販売に力を入れていましたが、思うように売れず、大きな損失を出してしまいました。しかし、ベゾスはこの失敗を学びの機会ととらえ、次の挑戦にいかしました。今では、アマゾンは世界最大のオンラインショッピングサイトになっています。

> 失敗してもあきらめずに努力を重ねる姿は人の心を動かすんだ！　その熱意に心を動かされ、仲間が増えていくはず！

第1章　自分の会社をつくる！

第2章　会社を経営する

第3章　会社の危機を乗り越えろ！

第4章　会社を大きくしたい！

コラム 知って得する！
残しておくお金の目安

会社を運営していくには、お金の管理が必要です。中でも「いざというときのために残しておくお金」の管理は大切です。会社も「貯金」が必要なのです。この貯金を「運転資金」といいます。

運転資金の目安は3か月分のお金

一般的に、運転資金には、最低3か月分の経費を残しておくことが大切だといわれています。経費とは、会社を動かすのに必要なお金のこと。その中には、働いている人たちの給料や、会社の家賃、電気代などがあります。3か月分必要な理由は、予期せぬ出来事に備えるため。急に売り上げが減ってしまったり、大きな設備の修理が必要になったりするかもしれません。そんなとき、最低3か月分のお金があれば、あわてずに対応できます。

おこづかいを全部使わず、残すお金をつくっておこうかな。これから何があるかわからないし、大人になったら、全部自分でお金の管理をしないといけないもんね

第4章 会社を大きくしたい！

会社を大きくするにはどうしたらいいのかな？
株式会社にしたら、お金も人も集まる!?
うまくいってるお店を増やすのもいいかも！

第4章 めざせ世界一!! 会社を大きくしたい！

計画的にマーケットを広げて世界一へ！

　小さな会社からはじめて、世界一の大企業になるのは大変ですが不可能ではありません。そのためには、どうすれば会社を成長させられるか、よく考える必要があります。具体的に、いつ、何を、どんな方法で行うか、どんなものが必要かを考えるのです。こうした目的を達成するための方法を考えることを「戦略的思考」といいます。会社を大きくするという目的の場合、お客さんを増やさなければならず、新しいマーケット（商品やサービスを売る場所）の開拓をする必要があり、その計画を立てなければいけません。

新しいマーケットを開拓する

マーケットを広げることで会社を大きくすることができます。今の仕事を別の場所でやってみたり、新しい商品やサービスをつくったりすることで新しいお客さんができ、マーケットが広がります。どんな場所であれば仕事が広げられそうか、どんな商品やサービスをするといいか、戦略的に考えましょう。

今の仕事を広げる

今行っている仕事がうまくいっている場合、その仕事でマーケットを広げるのが、会社を大きくする近道です。たとえば、飲食店を営業しているなら、別の場所にお店を出すことでお客さんを増やせるかもしれません。

> 支店を出す場合、お客さんの取り合いにならないように注意して！お店が近いと、会社全体で見たとき、お客さんが増えないかも

> いろいろな種類の仕事をもつことで会社を支える柱を増やせるよ！ 飲食店に加えて塾の経営をした場合、飲食店がうまくいかなくなっても、塾の経営で会社を支えられそう

新しい仕事を生み出す

まったくちがう仕事をはじめることで、新たなお客さんを増やすことができます。そこで重要なのは、何をするか。やみくもに決めるのではなく、勢いのある業界、これから求められそうなものを見つけなければいけません。新しいことに挑戦するためには、新たな知識や道具なども必要となってきます。

戦略的思考を身につける方法

戦略的思考とは、先のことまで考え、計画を立てる力のこと。目標を達成するまでにあるいくつもの問題をどう解決するか、限られた道具や材料をどう使うと、よりかんたんに早く解決できるのか考えて計画を立てる力です。遊びや勉強など、日常生活の中で戦略的思考を身につけていきましょう。

戦略的思考を身につけると、日常生活でもいろいろな問題にすばやく対応することができるよ！

① ボードゲームできたえる！

戦略や推理が求められるゲームをたくさんしてみましょう。たとえば、オセロや将棋、チェスなどのボードゲームでは、次の一手だけでなく、相手の動きを予測しながらいくつもの手を考える必要があります。また、カードゲームの大富豪もおすすめ。手持ちのカードと全体の状況をすばやく分析し、戦略を立てることが求められ、戦略的思考力が育ちます。

② 気持ちや状況を言葉であらわす

意外に思われるかもしれませんが、自分の気持ちや考えを言葉にすることも効果的です。気持ちはあいまいで形がないため、それを正確な言葉にするには、頭の中で整理し、順序立てて表現する力が必要になります。丁寧に説明することで、ものごとをしっかり正確に伝える力が養われます。

③ 本や新聞を読んで知識や情報を増やす

先のことを考えるには、いろいろな知識や情報を取り入れる「インプット」が大切です。知識がないと、アイデアを出したり、気持ちを伝えたりする「アウトプット」ができません。本や新聞を読むと、知識が増え、使える言葉も増えます。

新聞のいいところは、興味のないことも目に入るところだよ！ インターネットやSNSは、見ている人の興味がありそうなことが多く表示されるようになっているから、情報がかたよりやすいんだ

第1章 自分の会社をつくる！

第2章 会社を経営する

第3章 会社の危機を乗り越えろ！

第4章 会社を大きくする！

第4章 もっと大きな仕事がしたい！会社の形をかえたほうがいい？

個人事業から法人にかえる！

個人事業主としてはじめたビジネスが成長すると、より大きな挑戦や機会がおとずれます。そんなときは、会社の形をかえて「株式会社」にすることで新しい可能性が広がります。個人事業から法人にすることを「法人成り」といいます。法人成りにする目安は、仕事でどのくらい利益が出ているか。個人事業と法人で、税金がかわります。どちらのほうが得するかを調べてから法人にするかを決めましょう。

株式会社にするメリット

法人にすると、信用度が上がり、資金調達がしやすくなります。さらに、いっしょに働いてくれる人をやといやすくなり、会社の成長にもつながります。そして、法人化した会社は、「法人格」といって、会社自体が人のような権利をもちます。個人事業では、仕事（事業）をはじめた人がおこなっていたことを、法人では会社ができるようになります。法人にはいろいろな種類がありますが、ここでは株式会社がもつメリットを見てみましょう。

資金調達の幅が広がる
株式会社になると、株式や社債といった会社の権利をつくって出すことができ、それを使って、資金を集められる

信用度アップで取引先が増える
株式会社は、ほかの会社やお客さんに信頼感を与える。これにより、新しいマーケットを開拓しやすくなり、ビジネスチャンスが広がる

いっしょに働く人を増やしやすくなる
株式会社は個人事業よりも安定しているように見られるため、いっしょに働いてくれる人を集めやすくなる

会社が人のように権利をもつ
株式会社は法人格をもつため、銀行口座の開設、お客さんとの約束（契約）などが会社名（法人名義）でできるようになる

株式会社のつくり方

株式会社をつくるのに年齢制限はありません。しかし、会社をつくるときに必要な印鑑登録証明が15歳以上しか手に入れられないため、実際に会社をつくれるのは15歳以上となります。ただし、親といっしょに起業すれば、15歳未満でも会社をつくることができます。個人事業から株式会社に変更するときも、最初から株式会社をつくるときとほぼ同じ手続きをします。

> 申請や書類の用意などはむずかしいことが多いので、専門家（司法書士など）に頼るのもおすすめだよ

株式会社の設立の流れ

STEP 1 どんな会社か決める
会社の名前や場所、仕事の内容、会社設立の手続きをする人（発起人）などを決める。

STEP 2 会社の基本情報（定款）を作成＆役所で認めてもらう
会社のルールなどをまとめた書類（定款）をつくり、公証役場という役場で認めてもらう。

STEP 3 会社を運営するためのお金（資本金）を銀行にふりこむ
資本金のふりこみは、会社設立に必要な書類「払込証明書」を作成するために必要。

注目！ 発起人が未成年の場合に必要なもの

発起人が15歳以上の場合
- 本人の印鑑登録証明書
- 父と母の実印を押印した同意書
- 父と母の印鑑登録証明書
- 戸籍謄本

発起人が15歳未満の場合
- 父と母の実印を押印した同意書
- 父と母の印鑑登録証明書
- 戸籍謄本

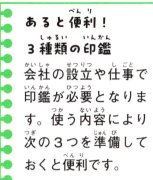
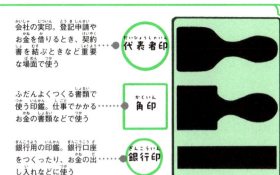

あると便利！3種類の印鑑

会社の設立や仕事で印鑑が必要となります。使う内容により次の3つを準備しておくと便利です。

- **代表者印**：会社の実印。登記申請やお金を借りるとき、契約書を結ぶときなど重要な場面で使う
- **角印**：ふだんよくつくる書類で使う印鑑。仕事でかかるお金の書類などで使う
- **銀行印**：銀行用の印鑑。銀行口座をつくったり、お金の出し入れなどに使う

> 会社を経営、運営する人を取締役という。会社には3人以上が取締役になって会社について決める取締役会をおく会社と、取締役会をおかない会社がある。取締役会がある場合、その中から代表者（代表取締役）を決めることもある。

STEP 4 会社について知らせるための書類（登記書類）を作成

どんな会社かみんなに知らせる（商業登記する）ための書類を作成する。

STEP 5 登記書類を法務局へ申請する

会社がある場所（本店所在地）を管理している法務局へ、代表取締役が書類を提出する。

STEP 6 個人事業を閉じる

いくつか仕事があり、すべて株式会社にするときは、廃業の手続きをする。個人事業のままにする仕事がある場合は不要。

注目！未成年が会社を経営、運営する場合

15歳以上の場合
取締役、代表取締役、どちらにもなれる。

15歳未満の場合
取締役会がないと、取締役になれない。取締役会をつくり、取締役になる。代表取締役にはなれない。

第4章 すてきな会社を発見 いっしょに仕事がしたい！

いっしょに仕事をしようと提案する！

　ほかの会社といっしょに仕事ができると、仕事の幅が広がります。それぞれの得意分野を生かして、今ある仕事をより発展させたり、新しい仕事を生み出したりできます。また、お互いがもっているマーケットを共有できるので、お客さんも増えます。ほかの会社といっしょに仕事をすることは、会社を大きくすることにもつながります。

　いっしょに仕事をする方法はいくつもあります。ただし会社は、そこで働いている人たちにとってとても大切なもの。お互いが納得していっしょに働ける形を見つけることが大切です。

会社と会社でいっしょに仕事をする方法

会社と会社がいっしょに仕事をする方法はいくつもあります。ある決まった仕事のために協力しあう「提携」や、会社を買ったり、1つの会社にしたりする「M&A」など。M&Aは「Mergers（合併）and Acquisitions（買収）」の略です。

ある決まった仕事をいっしょに行う

いくつかの会社が、特定の仕事のために協力していっしょに仕事をすることを「事業提携」といいます。それぞれの会社がもっている得意なことを生かし、仕事を広げたり、スムーズに進められるようにしたりできます。

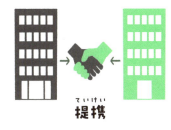
提携

会社を買っていっしょのグループにする

1つの会社がもう1つの会社から事業や会社を買うことを「買収」といいます。買収は、会社の持ち主がかわるだけで、買われた会社の法人格が消えることはありません。

1つの会社にする

いくつかの会社を1つの会社にまとめることを「合併」といいます。合併には大きく2つ、①新しい会社をつくる「新設合併」と、②ある1つの会社にまとめて1つの会社にする「吸収合併」があります。どちらの場合も、いずれかの会社は法人格を失います。つまり、もとの会社の存在がなくなるのです。

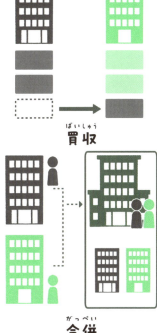
買収

合併

第4章 会社を大きくした!!!

いっしょに仕事をしたいと思わせたい！

プレゼンテーションで熱い思いを伝える！

　ほかの会社や人に協力してもらうにも、新しい会社をつくるにも、相手を「いっしょにやりたい」という気持ちにさせなければなりません。そこで重要になるのがプレゼンテーション（プレゼン）です。プレゼンテーションとは、英語で「表現」「提示」「紹介」といった意味をもつ言葉で、自分のアイデアや考えを人に伝え、理解してもらうことです。「プレゼン力」をアップさせる重要なポイントが「熱い思い」！　上手に話すより熱意が伝わるように話すことが大切です。その上で、さらに相手に伝わりやすいようにプレゼンのポイントをおさえておきましょう。

話し方を工夫してプレゼン力をアップ！

よいプレゼンにするには、ポイントがあります。どんなときにも使える話し方のポイントをおぼえてプレゼン力をアップさせましょう。プレゼン力は子どものうちでもいろいろな場面で必要です！

① 5分以内で話す

話を聞くだけの場合、長くなると聞いているほうは集中力がきれてしまいます。話し続ける時間は3分くらいを目安にし、長くても5分以内におさめるようにしましょう。そして、1つ1つの文章は短く！ 長い文章になると、伝えたいことがぼんやりしてしまいます。

② 相手の気持ちになって話すことを決める

どんなことを話すと興味をもってもらえるか、相手の気持ちを考えて決めましょう。有効な方法として、「自分の経験を話す」ということがあります。相手に自分のことを知ってもらえ、プレゼンも前向きな気持ちで聞いてもらいやすくなります。

③ 質問と答えを考えて練習する

プレゼンのゴールは、相手の気持ちを動かし、自分の希望をかなえること。相手に理解してもらい、納得してもらうことが重要です。そのため、相手から出そうな質問と、それに対する答えを考えて、準備しておきましょう。

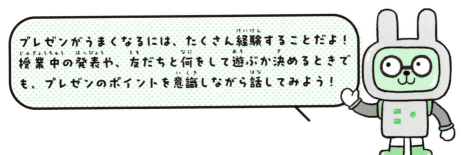

プレゼンがうまくなるには、たくさん経験することだよ！ 授業中の発表や、友だちと何をして遊ぶか決めるときでも、プレゼンのポイントを意識しながら話してみよう！

資料を工夫してプレゼン力アップ！

プレゼンするときは話すだけでなく、資料を配ったり、その資料の内容を画面にうつしたりすることが多くあります。いい資料をつくることで、プレゼンの成功率がアップします。ここでは、画面にうつして見せる資料のポイントをおぼえておきましょう。

① 見出しは13文字以内に

文章を見たとき、すぐに読め、理解できる文字数は13文字までといわれています。資料を見る人に、なんの資料かすぐ理解してもらえるように、見出しは13文字までにしましょう。

いい見出しの付け方は、インターネットの記事や、新聞などの見出しで学べます。ぱっと見ただけで相手の興味をひき、読みたいと思わせる工夫がされているのです。

② 資料1枚につき 105文字までに

1枚のスライドにのせる文字数は105文字以内を目標にしましょう。105文字にするためには、できるだけ短い文章にしなければなりません。いいたいことを短くまとめるのは大変ですが、箇条書きにしたり、体言止めにしたりして工夫しましょう。

プレゼンでは話すことでも伝えるから、資料にすべてを書く必要はないんだ

③ 画像は左側、文字は右側におく

文字だけでなく、写真やグラフなどの画像を見せると効果的。その際、画像は左側、文字は右側におきましょう。人は、左側に見えたものは右側の脳（右脳）で処理し、右側で見えたものは左側の脳（左脳）で処理します。右脳は画像データの処理に優れていて、左脳は文字や数字のデータの処理に優れているので、画像と文字の位置を工夫することで、見ている人がすぐに理解できる資料になるのです。

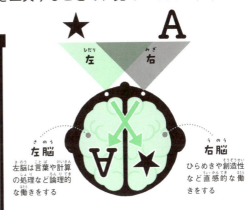

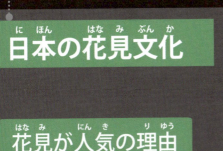

日本の花見文化

花見が人気の理由
- 写真映え→SNSで人気
- 日本らしい風景
- お酒が飲める

学校で発表するときにつかえそう！

④ 動きをつける

文字や画像の出し方、ページの進め方に動きをつけられる場合、一度にすべての情報を出しておくのではなく、話している内容に合わせて、文字が出るようにするなど、資料に動きをつけて、相手の気をひきましょう。

第1章 自分の会社をつくる！

第2章 会社を経営する

第3章 会社の危機を乗り越えろ！

第4章 会社を大きくする！

第4章 会社を大きくしたい！

ほかにやりたいことができた！
会社経営をやめられる？

会社経営はやめることができる！

　会社経営はやめることができます。会社経営をやめることを「会社をたたむ」「廃業する」、株式会社の場合「解散する」などといいます。会社を閉じる理由はいろいろ。仕事がうまくいかず続けるのがむずかしいとき、経営者がほかにすべきことやしたいことが見つかったときなどです。ただし、会社を閉じるには、決められた手続きをしなければなりません。

　また、閉じる以外にも会社をやめる方法があります。会社をほかの人にわたすなどして、手放す方法です。どの方法を選ぶにしても、専門家（弁護士や税理士）に相談しながら手続きを進めるといいですよ。

会社を手放す方法

会社を手放すときは、目的により方法を決めます。仕事（事業）を続けたいのか、お金にしたいのか、働いてくれている人をどう守るのか、といったことを考え、もっともよい方法を選ぶことが重要です。こうした状況に合わせて必要なことを判断し、どうするか決め、その結果に責任をもつ力を「意思決定能力」といいます。

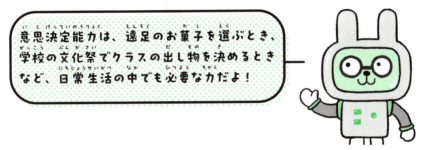

意思決定能力は、遠足のお菓子を選ぶとき、学校の文化祭でクラスの出し物を決めるときなど、日常生活の中でも必要な力だよ！

① 会社をたたむ

行っている仕事ごと会社を終わらせます。仕事自体がなくなるため、従業員も仕事を失います。そして、会社をたたむためのいろいろな書類を提出しなければなりません。

② ほかの会社にわたす（M&A）

M&A（→103ページ）により会社を手放す方法です。合併と買収という大きく2つの方法があります。従業員は新しくなった会社で働けることが多いです。

③ 親族や従業員へ引き継ぐ（事業承継）

自分の子どもや親族、従業員が経営を引き継ぐことで会社を手放す方法です。会社はそのまま残るため、従業員も仕事を続けられます。

④ フランチャイズ化する

フランチャイズ化とは、会社のもつブランドや、仕事の仕方・技術などをほかの人に提供し、その対価を受け取る仕組みです。提供を受けた人は独立して仕事をすることができます。

会社経営のやめ方

会社経営をやめるときは、準備や手続き、関係者への報告などが必要です。未成年が会社をやめる場合、保護者が代理人になり、手続きをする必要がある場合もあります。ここでは、株式会社をやめる（解散する）方法を見てみましょう。

株式会社を解散するときの流れ

STEP 1 株主総会で許可をとる

株式会社の解散を決定するために、まず株主総会を開く。解散には株主の3分の2以上の賛成（特別決議）が必要。

STEP 2 解散するため手続き「解散登記」を行う

解散が決まったら、2週間以内に法務局で解散登記を行う。これにより、会社は正式に解散したことになり、お金の整理「清算手続き」に入る準備ができる。このとき、清算手続きを行う「清算人」を決める。

解散登記に必要なおもな書類

- 株式会社解散及び清算人選任登記申請書
- 定款
- 株主総会議事録
- 株主リスト
- 就任承諾書 1通
- 委任状※1 1通

清算結了登記に必要なおもな書類

- 株式会社清算結了登記申請書
- 株主総会議事録
 ＊決算報告書をふくむ
- 株主リスト
- 委任状※1 1通

※1 代理人に申請をかわってしてもらった場合のみ必要

未成年が株式会社を解散させる場合

未成年が株式会社を解散させる場合も、株式会社を設立するときと同じだと考えましょう。書類や内容によって、保護者などの同意が必要だったり、代理人になってもらったりする必要があります。

> 未成年が起業や会社の解散をするときのルールは、いろいろ検討されていて、かわることもあるから、専門家に聞いて進めるのがおすすめだよ

STEP 3 お金を払う相手（債権者）へ解散を伝える

債権者に対し反対意見や疑問があればいってもらうように伝える。最低2か月待ち、すべての債権者への支払い準備を行う。

STEP 4 会社のお金の整理

清算人は必要な支払いをしたり、残ったお金を分けたりといった清算業務を行う。

STEP 5 清算が終わったことを伝える「清算結了登記」を行う

清算が終わったら、清算結了登記を行う。これで株式会社の解散手続きが完了する。

会社づくりのお話はここまで

> 会社づくりで必要なことは、毎日の生活でも使えることがいっぱいってわかったよ！

> 起業しようと思ったときから、まわりの見え方がかわってくるよ。どんなことで起業するか考えてみよう。わくわくしてくるね！

監 修
スタートアップポップコーン株式会社
2020年に設立されたゲームやワークショップで楽しく学ぶことができる起業家精神（アントレプレナーシップ）教育プログラムを提供する教育企業。独自に開発した教材を用いて全国各地の行政・学校とともに未来を担う子どもたちへ「将来に役立つスキルや考え方」としてチャレンジ精神・お金・ビジネスモデルが学べる教育イベントを開催している。

澤田聖士（ニックネーム：じーくん）
スタートアップポップコーン株式会社 代表取締役CEO
福岡県立嘉穂工業高校を卒業後、現場作業員として5年間勤務したあとに営業職へ転職。25歳で最初の会社を起業し、30歳で厚生労働省事業を行う飯塚地域雇用創造協議会の事業推進リーダーに就任。31歳でスタートアップポップコーン株式会社を設立し、独自に開発したゲーム教材を用いて小中高生に起業精神教育プログラムを提供している。

大町侑平（ニックネーム：まっち）
スタートアップポップコーン株式会社 常務取締役CTO兼CIO
九州工業大学在学中にベンチャー企業としてプログラミング教育を行う会社を起業。その後、小中一貫校や大学で非常勤講師としても従事しながら、2020年にスタートアップポップコーン株式会社を設立。子どもが遊びながら楽しく学ぶをコンセプトにゲーム教材の開発を担当。

参考サイト
国税庁（https://www.nta.go.jp/taxes/tetsuzuki/shinsei/annai/shinkoku/annai/04.htm）／全国銀行協会（https://www.zenginkyo.or.jp/adr/sme/guideline/）／IMD（https://www.imd.org/）／文部科学省「アントレプレナーシップ教育の現状について」（https://www.mext.go.jp/content/20210728-mxt_sanchi01-000017123_1.pdf）／文部科学省「国際学力調査（PISA、TIMSS）」（https://www.mext.go.jp/content/20240524-mxt_chousa02-100002205_1.pdf）／経済産業省「未来人材ビジョン」（https://www.meti.go.jp/press/2022/05/20220531001/20220531001-1.pdf）／内閣府「企業の採用活動に関する実態調査（令和2年）」（https://www.cas.go.jp/jp/seisaku/shushoku_katsudou/kanji_dai2/siryou7.pdf）／法務局（https://www.moj.go.jp/MINJI/minji60.html）／note・石井賢介（https://note.com/141ishii/n/na578fec5ef84）／GLOBIS CAREER NOTE（https://mba.globis.ac.jp/careernote/）／『0からわかる！起業超入門』（ソシム）／『14歳のときに教えてほしかった 起業家という冒険』（ダイヤモンド社）／『社内プレゼンの資料作成術』（ダイヤモンド社）／『社外プレゼンの資料作成術』（ダイヤモンド社）

子どもにもなれる社長
いますぐ知りたい 会社づくりのしくみ

2024年11月18日　第1版　第1刷発行

監　修	澤田聖士　大町侑平（スタートアップポップコーン株式会社）
発 行 人	子安喜美子
発 行 所	株式会社マイクロマガジン社
	〒104-0041　東京都中央区新富1-3-7 ヨドコウビル
	TEL03-3206-1641　FAX03-3551-1208（営業部）
	TEL03-3551-9564　FAX03-3551-9565（編集部）
	https://micromagazine.co.jp
印刷製本	株式会社光邦
編　集	岡野信彦
制　作	株式会社ナイスク（松尾里央、岡田かおり、北橋朝子、西口岳宏、鈴木陽介）
イラスト	さいとうかおり、真崎なこ
制作協力	はせべあつこ、地蔵重樹
装丁・本文デザイン	22plus-design（安永奈々）
D T P	佐々木志帆

© 2024 スタートアップポップコーン　　© 2024 NAISG　　© 2024 MICRO MAGAZINE

※ 本書の無断複製は著作権法上の例外を除き、禁じられております。本書を代行業者等の第三者に依頼しての複製は個人や家庭内での利用であっても一切、認められておりません。

※ 落丁・乱丁本は、ご面倒ですが小社営業部宛にお送りください。送料を小社負担にてお取替えいたします。

※ 定価はカバーに表示してあります。

Printed in Japan　ISBN978-4-86716-658-1 C8034